Heinz Ryborz

BEEINFLUSSEN – ÜBERZEUGEN – MANIPULIEREN

Heinz Ryborz

BEEINFLUSSEN ÜBERZEUGEN MANIPULIEREN

Seriöse und skrupellose Rhetorik

metropolitan.

Bibliografische Information der Deutschen Nationalbibliothek
Die Deutsche Nationalbibliothek verzeichnet diese Publikation in der Deutschen Nationalbibliografie; detaillierte bibliografische Daten sind im Internet über *http://dnb.dnb.de* abrufbar.

Metropolitan – ein Imprint des Walhalla Fachverlags

3. Auflage 2017

Produktion: Walhalla Fachverlag, Regensburg
Umschlaggestaltung: init Kommunikationsdesign, Bad Oeynhausen
Printed in Germany
ISBN 978-3-96186-002-9

Inhalt

Warum Ihnen dieses Buch hilft

Wenn sich zwei Menschen begegnen und anfangen zu sprechen, beginnt bereits der Prozess der gegenseitigen Beeinflussung. Ist es eine positive (weiße) Beeinflussung, haben beide etwas davon, es liegt eine Win-win-Beeinflussung vor.

Nun beschäftigen sich aber auch Betrüger, Heiratsschwindler, Täuscher, windige Verkäufer und zweifelhafte Berater mit Beeinflussung. Viele Menschen werden von solchen Typen zu ihrem Schaden beeinflusst, den Vorteil hat allein der Manipulator. Diese Beeinflussung ist eine Win-lose (schwarze) Beeinflussung. Für eine solche verwende ich im Folgenden das Wort Manipulation.

Die menschliche Kultur hat sich durch positive Beeinflussung entwickelt. Eine positive Beeinflussung erfolgt zum Beispiel in der Erziehung, dem Unterricht, in der Partnerschaft, Freundschaft, der Selbstbeeinflussung und der Therapie. Mit positiver Beeinflussung verändern Sie die Welt zum Besseren.

Mein Bekenntnis ist: Positive Beeinflussung führt zu einer besseren Welt. Die Fähigkeit zu beeinflussen ist eine der wichtigsten Fähigkeiten des Menschen. Menschen für sich zu gewinnen, ist eine Voraussetzung, um zu beeinflussen. Nur wenn Sie Menschen für sich gewinnen, werden Sie auch Ihre Ziele erreichen.

In der Kulturgeschichte der Menschheit hat es große Meister der Beeinflussungskunst gegeben. So hat zum Beispiel Moses dem Volk Israel glaubhaft gemacht, dass Gott zu ihm gesprochen habe. Dann brachte er die Israeliten dazu, Ägypten zu verlassen. Das erschien allen Israeliten wegen des gewaltigen Heeres des Pharao vorher unmöglich. Nur unter Anwendung weniger, simpler Rezepte wäre die Leistung nie möglich gewesen. Es erfordert viel mehr, Menschen zu bestimmten Werten und Einstellungen zu bringen. Das vermochten die großen Meister der Beeinflussung wie Laotse, Buddha, Jesus, Paulus, Cato, Lincoln und andere. Dieses Buch zeigt Ihnen, was dazu notwendig ist.

Der Vorteil für Sie

Das Buch vermittelt Ihnen, welche Faktoren Ihrer Persönlichkeit Sie zu verstärken haben, um erfolgreich zu beeinflussen. Sie erhalten dafür wirksame Techniken. Außerdem zeigt es Ihnen, wie Sie Menschen für sich gewinnen. Wirksame und bewährte Vorgehensweisen sind der Schlüssel zum Herzen des Mitmenschen.

Darüber hinaus gibt Ihnen dieses Buch eine Vielzahl von Beeinflussungstechniken für alle Lebenssituationen an die Hand. Die Techniken orientieren sich an der Realität, der Person, den Motiven und dem allgemeinen Verhalten der Menschen. Der besondere Vorteil liegt darin, dass Sie die Techniken für jede Situation kombinieren können.

Ein Beispiel für die Kombination der Techniken: Aufmerksamkeit erregen – Vertrauen wecken – das Gegenüber verstehen – positive Gefühle äußern – Nutzen geben.

Robert Cialdini, langjähriger Professor für Psychologie und Marketing, hat in seinem Buch „Die Psychologie des Überzeugens" lediglich fünf Techniken angegeben, die nur für wenige Situationen anzuwenden sind. Damit fehlt ihnen eine umfangreiche Anwendungsmöglichkeit. Außerdem nutzen seine Techniken lediglich Trigger. Der Trigger löst beim Gegenüber als Reiz automatisch ein bestimmtes Verhalten aus. Mit Überzeugen haben diese Techniken jedoch nichts zu tun. Überzeugen erfordert ein Ansprechen von Einsicht, Argumenten und Vernunft.

Der Vorteil meines Buches besteht für Sie darin, dass auch die Techniken des Überzeugens dargestellt werden, ebenso die Techniken der Manipulation. Sie erfahren, wie Sie diese wirksam abwehren. Hierbei profitieren Sie von meiner langen Lebenserfahrung, vom Erfahrungsschatz meiner Seminarteilnehmer und dem, was mir viele andere Menschen mitgeteilt haben.

Abschließend lernen Sie, wie sich Menschen zu ihrem Schaden selbst manipulieren. Ich vermittle Ihnen Techniken, wie Sie sich vor Selbsttäuschung schützen, daraus lösen und die Dinge sowie sich selbst mehr so sehen, wie sie sind. So werden Sie ein selbstbestimmter Mensch.

Die vorgestellten Techniken nutzen die neuesten Erkenntnisse von Wissenschaft und Forschung.

Grundsätzliches zum Verständnis der Techniken des Beeinflussens, des Überzeugens und der Manipulation

Eine große Hilfe zum Verständnis der Prozesse Beeinflussen – Überzeugen – Manipulieren sind die drei Autopilotstufen des Menschen nach Luc Ciompi, Psychiater und emeritierter Professor für Psychiatrie.

Auf der Autopilotstufe 1 reagiert der Mensch mit seinen genetisch bedingten Automatismen reflexartig und zumeist unbewusst. Die Psychologie hat dafür die Bezeichnung affektive Automatismen verwendet. Beeinflussungen auf der Stufe des Autopiloten 1 sind besonders erfolgreich, weil der Beeinflusser Automatismen der Person auslöst, denen sie sich nur schwer entziehen kann. Diesen Automatismus nutzt der Positivbeeinflusser ebenso wie der Manipulator. Während der Positivbeeinflusser seine Herzensdame mit echten Gefühlen beeindruckt, spielt der Heiratsschwindler falsche Gefühle und Absichten vor, um an die Ersparnisse seines Opfers zu kommen.

Die Abwehr eines solchen Manipulationsprozesses kann nur gelingen, wenn durch Training die Bewusstmachung des Automatismus erfolgt und die Kräfte der Vernunft gesteigert werden. Obwohl Positivbeeinflusser wie Manipulator dieselben Techniken nutzen, unterscheiden sie sich deutlich in ihren Absichten: Der Positivbeeinflusser verhilft seinem Gegenüber zu Vorteilen, der Manipulator verschafft sich nur selbst Vorteile, während sein Opfer den Schaden davonträgt.

Die Autopilotstufe 2 hat affektive Automatismen, die sich aus den individuellen Erlebnissen der Person entwickelt haben. Immerhin ist auf dieser Stufe der sogenannte „gesunde Menschenverstand" wirksam, der allerdings noch einige Defizite aufweist. Die Schwäche in der Vernunft nutzt der Manipulator, um mit destruktivem Vorgehen – Denkfehler auslösen, Bluffen, Lügen, Falschinformationen usw. – zu manipulieren. Abgesehen von Lügen, Bluffen und Falschinformationen muss sich der Positivbeeinflusser auch an den Schwächen des „gesunden Menschenverstandes" seines Gegenübers orientieren. Er darf die Vernunft des Mitmenschen nicht überfordern und muss sich ihr anpassen. In diesem Fall gilt wieder: Bei einer Win-win-Situation liegt eine weiße, bei einer Win-lose-Situation eine schwarze Beeinflussung, das heißt eine Manipulation vor.

Die Autopilotstufe 3 beinhaltet hoch entwickelte kognitive Fähigkeiten wie Sprache, Mathematik und Philosophie. Auf dieser Stufe hat der Mensch die restlichen Logikdefizite des gesunden Menschenverstands überwunden; es ist die höchste Stufe der Entwicklung.

Die im Folgenden dargelegten Methoden des Überzeugens orientieren sich am Niveau der Stufe 3.

Unter Überzeugen versteht der Duden: „Einen anderen durch einleuchtende Gründe, Beweise dazu bringen, etwas als wahr, richtig, notwendig anzuerkennen." Überzeugen erfolgt auf klare und logische Weise. Wer überzeugen will, legt sein Ziel offen dar. Jedoch erschweren viele menschliche Defizite den Überzeugungs- und Einsichtsprozess. Das sind zum Beispiel Illusionen, Denkfehler, Unkonzentriertheit, Hektik oder Mängel in der Informationsverbreitung. Daher sind Überzeugungsprozesse meistens schwerer durchzuführen als Beeinflussungen. Zu überzeugen ist anspruchsvoller und setzt beim Gegenüber logisches Denkvermögen voraus. Fehlen diese Voraussetzungen, sind Techniken der Beeinflussung erfolgreicher. Die Techniken beider Methoden lassen sich sehr gut miteinander verknüpfen, und bereits die großen Meister der Einflussnahme wandten diese Kombinationen an.

Sind die Methoden der Manipulation ethisch bedenklich?

Vielleicht fragen Sie sich, ob die sehr wirksamen Techniken der Manipulation ethisch überhaupt vertretbar sind. Dazu die Meinung Immanuel Kants, des bedeutendsten deutschen Philosophen: „Handeln ist ethisch, wenn die Maxime deines Willens jederzeit als Prinzipien einer allgemeinen Gesetzgebung gelten können." Eine Win-win-Beeinflussung wäre demnach im Sinne Kants. Damit wird die Verantwortungsmoral zum Kriterium. Die Manipulation als Win-lose-Beeinflussung hingegen ist nach dieser Auffassung verwerflich. Sie dient ausschließlich dem Manipulator.

Alle Einflussnahmetechniken sind weder positiv noch negativ, sondern neutral. Erst die Absicht und das Ziel des Beeinflussers erlauben mehr Aussagen zum Vorgehen.

Dieses Handbuch legt Techniken dar, es will Sie nicht zu striktem, moralischem Vorgehen beeinflussen. Das würde Sie auch nicht flexibel gegenüber der komplexen Lebensrealität machen.

Nach meiner Erfahrung setzen viele Menschen Manipulationstechniken ein, zum Beispiel wenn eine bösartige Gegenseite rücksichtslos vorgeht. Wer dann weiter Fairness zeigt, erweckt den Eindruck von Schwäche. Da aber der Bösartige nicht nach der Reziprozitätsregel handelt (Prinzip des gegenseitigen Gebens und Nehmens, siehe dazu auch Kapitel 3, Abschnitt „Reziprozitätstechnik"), helfen in einer solchen Situation nur noch Gegenmanipulation oder die Androhung von Sanktionen.

Aufgrund meiner Lebenserfahrung weiß ich, dass die Win-win-Beeinflussung für langfristigen Erfolg das empfehlenswertere Vorgehen ist. Nun gibt es aber Situationen, in denen Sie es mit einem übermächtigen Gegner zu tun haben, der Sie mit Manipulationsmethoden in eine extreme Win-lose-Position bringen will. In einem solchen Fall halte ich die Anwendung der Manipulationstechniken für angebracht. Ich habe es in solchen Situationen selbst so praktiziert und wiederholt festgestellt, dass ich das besser konnte als mein Gegenüber, welcher immer nur manipulierte.

Ich wünsche Ihnen viel Erfolg bei der Anwendung des neu vermittelten Wissens!

Heinz Ryborz

1 Die neun Faktoren der Beeinflussung

Selbstvertrauen

Um zu beeinflussen und zu überzeugen, ist Selbstvertrauen der wichtigste Faktor. Nur wenn Sie an sich glauben und darauf vertrauen, Ihr Ziel zu erreichen, haben Sie Erfolg. Dann zeigen Sie das erforderliche Auftreten und lassen sich nicht von Rückschlägen beeindrucken.

Beispiel:
Ein Mann, dessen Selbstvertrauen durch niemanden zu erschüttern war, war der spätere deutsche Bundeskanzler Konrad Adenauer. Im Oktober 1945 war er noch Oberbürgermeister von Köln. Da er sich geweigert hatte, einige Befehle des damaligen britischen Militärgouverneurs auszuführen, wurde er zum Hauptquartier des Brigadier Baraclough bestellt. Als der damals 69-jährige Adenauer das Zimmer Baracloughs betrat, erwiderte keiner der anwesenden Offiziere seinen Gruß. Niemand bot ihm einen Stuhl an, Adenauer musste stehen. Man las ihm einen Brief vor, mit dem ihm seine Entlassung wegen Unfähigkeit mitgeteilt wurde. So mancher hätte sich nach einer solchen Erfahrung aus dem öffentlichen Leben zurückgezogen. Doch nicht Adenauer. Er besaß echtes und tiefes Selbstvertrauen und ließ sich nicht von seinem Weg abbringen.

Das Selbstvertrauen des Bundeskanzlers Adenauer musste auch später noch einige Belastungsproben aushalten.

Beispiel:
Einst wurde Adenauer auf den Petersberg bestellt. Dort wollten ihn die „Hohen Kommissare" das genehmigte Grundgesetz übergeben. Die Chefs des Protokolls hatten Folgendes vorgesehen: Adenauer sollte vor den drei Hochkommissaren stehen, doch nicht auf dem Teppich wie sie, sondern auf dem blanken Boden. „Als der Botschafter François Poncet mit seiner Rede zu Ende war", so berichtete Adenauer, „trat er auf mich zu, um mir die Hand zu drücken. Aber schnell schoss ich ihm entgegen und so gelang es mir, auf den Teppich zu kommen, als wir uns die Hand drückten. Ich wollte jedenfalls auch auf dem Teppich sein. So neckische Demütigungen haben die damals oft mit uns versucht."

Wozu Sie andere Menschen auch immer beeinflussen wollen: Nur mit echtem tiefen Selbstvertrauen wird es Ihnen gelingen, im Leben „auf den Teppich zu kommen“ und nicht ins Abseits gedrängt zu werden.

Die Psychologen Ambady und Rosenthal führten zum Selbstvertrauen aussagekräftige Experimente durch. Versuchsteilnehmer, die keine Studenten waren, erhielten zu Anfang eines Semesters 30-Sekunden-Videoaufnahmen von College-Dozenten zu sehen, mit der Aufgabe, deren Auftreten zu bewerten. Hintergrund des Experiments war die Frage, ob aus dem kurzen knappen Auftreten der Dozenten Prognosen darüber zu treffen seien, wie die Dozenten am Ende des Semesters von ihren Studenten bewertet werden. Und genau das zeigten die Versuchsergebnisse. Einige Dozenten wurden nach dem kurzen Test als selbstsicher und selbstbewusst bewertet. Genau diese Dozenten erhielten später von den Studenten eine bessere Bewertung als andere.

Das zeigt: Wer Selbstvertrauen hat, dem wird viel zugetraut!

TIPP:

Wenn Sie Selbstvertrauen ausstrahlen, trauen Ihnen die Menschen auch viel zu, zum Beispiel Kompetenz, und nehmen damit Einfluss auf andere.

Gewiss muss sich nicht hinter jedem beeindruckenden Auftritt viel Kompetenz verbergen. Doch wenn Sie nicht selbstsicher auftreten, traut man Ihnen nichts zu.

Zurück zum echten Selbstvertrauen. Selbstvertrauen hat einen großen Einfluss darauf, zu welchen Leistungen Sie fähig sind. Das haben neue Versuche bestätigt.

Beispiel:
R. Friedmann, Professor für Management an der Vanderbilt Universität, führte 2008 einen Test mit zwei Gruppen von Amerikanern durch. Die eine Gruppe bestand aus Afroamerikanern, die andere Gruppe aus Weißen. Der Test umfasste 20 Fragen für mündliche Graduierungsprüfungen. Anschließend wurden die Ergebnisse verglichen. Im Rahmen dieses Tests mussten die Afroamerikaner auch ihre ethnische Herkunft angeben. Das erstaunliche war: Vor Obamas Nominierung zum Präsidentschaftskandidaten hatten weiße Amerikaner im Durchschnitt zwölf von 20 Fragen richtig beantwortet, die afroamerikanische Gruppe nur 8,5. Nach der Nominierungsrede Obamas ergab der Test ein völlig anderes Ergebnis. Die Leistungen von weißen und schwarzen Amerikanern waren nun identisch. Offenbar glaubten die Afroamerikaner nun an den berühmten Aufruf Obamas „Yes we can“. Das Selbstwertgefühl war gestiegen und so erhöhte sich auch die Leistung.

WICHTIG: Schon Henry Ford war der Ansicht: „Ob du nun glaubst, du kannst es, oder ob du das nicht glaubst: Du hast recht.“

Das Wissen um die Bedeutung des Selbstvertrauens ist uralt. Schon Jesus sagt in der Bibel: „Dein Glaube hat Dir geholfen.“ Die Juden halten sich für das auserwählte Volk. Daher überrascht es nicht, dass es unter ihnen besonders viele sehr begabte Menschen gibt. Die Strategie, sich für das auserwählte Volk zu halten, ist daher sehr effektiv.

Selbstvertrauen ist sehr eng verbunden mit Selbstwertgefühl, Selbstsicherheit, Selbstbewusstsein. Es beinhaltet das Gefühl, langfristig das zu erreichen, was angestrebt wird. In der Alltagssprache werden heute alle diese Begriffe unter dem Wort Selbstbewusstsein zusammengefasst. Was können Sie nun zur Steigerung Ihres Selbstbewusstseins tun?

So steigern Sie Ihr Selbstvertrauen

1. Betreiben Sie Selbstbejahung.
   Sagen Sie sich am Morgen und vor dem Einschlafen: Ich glaube an mich, ich glaube ganz fest an mich. Ich schaffe es. Erweitern Sie den Text mit Worten, die Ihnen selbst viel bedeuten. Geben Sie sich etwa eine Minute dem Gefühl hin.
2. Machen Sie sich Ihre Gedanken und Gefühle bewusst.
   Sind diese negativ, sagen Sie „Stopp“. Tun Sie das falls erforderlich mehrmals, um diese abzubrechen.
3. Denken Sie an Ihre Erfolge.
4. Tragen Sie abends zwei oder drei Erfolge in ein Büchlein ein. Kleine Erfolge reichen voll aus.
5. Fehler sind Stufen zur Weiterentwicklung. Lernen Sie aus den Fehlern und denken Sie nicht daran zurück.
6. Entdecken Sie am Mitmenschen positive Seiten.
7. Glauben Sie daran, dass Sie Ihr Leben selbst gestalten. Sie tun es auch.
8. Nur wenn Sie an sich glauben und sich mit dem Ziel identifizieren, strahlen Sie Kompetenz und Souveränität aus und werden Menschen beeinflussen können.
9. Es ist notwendig, die Übung in den ersten sechs Monaten mindestens zweimal täglich auszuführen.

Damit die Selbstbejahung nicht zur Selbsttäuschung führt, muss sie um Selbsterkenntnis ergänzt werden. Wer nur Selbstbejahung betreibt, kann sich in eine Scheinwirklichkeit hineinsteigern. Im folgenden Witz haben gleich zwei Männer die Beziehung zur Wirklichkeit verloren und die Selbsterkenntnis fehlt.

Beispiel:
In einer Irrenanstalt treffen sich mehrere Insassen zur Morgenbesprechung. Der Professor fragt nach ihrem Befinden. Ein Mann aus der hinteren Reihe ruft: „Heute Nacht hat der Herrgott zu mir gesprochen.“ Darauf antwortet ein anderer: „Ich hab heut Nacht kein Wort gesagt.“

Wer nur Selbsterkenntnis betreibt, begeht oft den Fehler, nur das Negative an sich zu sehen. Die richtige Synthese zwischen Selbstbejahung und Selbsterkenntnis erfordert:

1. Sie haben an sich zu erkennen, was Sie zu verbessern haben.
2. Sie trainieren sich die Fähigkeit mit dem Willen an.
3. Dabei helfen Ihnen Selbstbejahung und die Technik der kleinen Schritte, das erforderliche Durchhaltevermögen aufzubringen.

Begehen Sie nicht den Fehler, Ihre eigenen Erfolge abzuwerten.

Beispiel:
In einem Seminar vor etwa 15 Jahren sagte ein 50-jähriger Mann: „Ich habe eine Million Euro auf meinem Konto. Wenn ich an junge Fußballprofis denke, die noch nicht einmal 20 Jahre alt sind und schon mindestens zehnmal so viel Geld auf dem Konto haben, bin ich um mein Selbstwertgefühl gebracht."

Ich antwortete ihm: „Setzen wir einmal Ihre Betrachtungsweise fort. Wer 10 Millionen Euro hat, beneidet jemand, der 100 Millionen Euro hat, der wiederum beneidet einen Milliardär und der Milliardär beneidet den, der 10 Milliarden Euro besitzt. Ein solches Verhalten ist keine Lebenskunst, denn die Betrachtungsweise vertreibt jede Lebensfreude. Selbstwertgefühl kann sich nur entwickeln, wenn Sie sich an Ihren eigenen Erfolgen erfreuen. Wer immer nur an das denkt, was er noch nicht hat, verliert alle Lebensfreude. Gier lässt Selbstwertgefühl und Selbstvertrauen gar nicht erst aufkommen."

Mut und Durchhaltevermögen

Wollen Sie Ihre Ziele erreichen, müssen Sie auf Menschen zugehen und sie für Ihre Ziele beeinflussen. Sie haben die Initiative zu ergreifen und Techniken der Beeinflussung anzuwenden. Dazu brauchen Sie Mut. Wenn Ihnen dieser Mut fehlt: Was hält Sie davon ab, die Herausforderung anzunehmen? Ist es vielleicht die Angst vor dem Versagen, Angst vor Ablehnung? Natürlich ist es immer wichtig, sich eine Sache vorher zu überlegen. Sie haben sich aber auch zu fragen, was die Konsequenz ist, es nicht zu versuchen. Nur wenn Sie es ausprobieren, wissen Sie mehr, seien Sie mutig und sammeln Sie die notwendigen Erfahrungen!

Davor scheuen leider viele Menschen zurück. Fritz Riemann, ein deutscher Psychoanalytiker, sagte dazu: „Die meisten Menschen sind Trockenkursler des Lebens. Sie wollen schwimmen lernen, ohne sich nass zu machen." Wie schaffen Sie es nun, diesen notwendigen Wagemut zu entwickeln?

Die Visualisierungstechnik ist eine Methode, die schon vielen Menschen geholfen hat.

TIPP:

Denken Sie an das, was Sie tun wollen. Visualisieren Sie Einzelheiten. Stellen Sie sich vor, wie Sie auf einen Menschen zugehen und eine Beeinflussungstechnik anwenden. Je ausführlicher Sie vorgehen, desto besser. Geben Sie sich ganz den Einzelheiten hin, bis Sie ein Gefühl von Erfolg haben. Spielen Sie den mentalen Film so oft wie möglich ab.

Ich wende diese Technik schon seit vielen Jahren an. Mir hat diese Technik nicht nur bei der Beeinflussung, sondern auch bei der Realisierung von Lebensträumen sehr geholfen. Haben Sie die Übung zur Steigerung Ihres Selbstvertrauens bereits mehrmals durchgeführt, werden Sie feststellen, dass diese Übung auch Ihren Mut steigert.

Durchhaltevermögen ist ein entscheidender Faktor, um Menschen zu beeinflussen. Die Erfahrung lehrt: Rückschläge sind Teil des Erfolgs. Wenn Sie Ihr Ziel nicht beim ersten Mal erreichen, dann versuchen Sie es ein zweites und ein drittes Mal und verändern dabei Ihre Taktik.

Ob Sie nun Verkäufer, Sportler, Wissenschaftler sind oder einen anderen Beruf haben, für jeden gilt: Ohne Durchhaltevermögen ist kein Erfolg möglich!

TIPP:

Oft kommen Sie beim Beeinflussen nur über viele „Neins" zu einem Ja. Sie können nur dann hartnäckig sein, wenn Sie auch Geduld haben. Lassen Sie sich nicht entmutigen. Versuchen Sie es beim nächsten Mal auf andere Weise. Dieses Buch gibt Ihnen ausreichend Techniken dafür an die Hand. Geduld ist die Fähigkeit, Frustrationen und Hindernisse zu ertragen, um ein Ziel zu erreichen. Visualisieren Sie Ihr Ziel, entwickeln Sie Geduld.

Beispiel:
Der Nobelpreisträger George Bernard Shaw besuchte nur fünf Jahre die Schule. Nachdem er vier Jahre als Kassierer in einem Geschäft tätig war, entschied er sich, Schriftsteller zu werden. Seine ersten fünf Romane wurden von allen Verlegern in den USA und England abgelehnt. Doch davon ließ sich Shaw nicht entmutigen. Er wurde Theaterkritiker und begann für das Theater Stücke zu schreiben. Doch auch damit hatte er nicht den Erfolg, um von diesen Einkünften leben zu können. So manch anderer hätte aufgegeben, doch nicht so Shaw. Erst nach 22 Jahren stellte sich der erwünschte Erfolg ein.

Denken Sie daran, wenn Sie in die Versuchung kommen, nach Ihren ersten Versuchen der Beeinflussung aufzugeben.

Empathie

Zeigen Sie Ihrem Gegenüber Einfühlungsvermögen, treten Sie in Kontakt mit dem, was Sie mit dem Gegenüber verbindet. Dieses gemeinsame Band zwischen Ihnen ist die Menschlichkeit. Mit Empathie vermögen Sie die Situation des anderen nachzuempfinden. Sie sind sensibel für die Gefühle, Wünsche und Bedürfnisse Ihres Gegenübers. So festigen Sie die Beziehung zwischen sich und dem anderen.

Mit Ihrem Einfühlungsvermögen erreichen Sie einen tiefen Zugang zum Gesprächspartner und verhelfen Ihrem Gegenüber durch Ihren einfühlsamen Kontakt, mit tiefen Ebenen seiner selbst in Berührung zu kommen. Das erfordert, mit dem ganzen Wesen zuzuhören. Auch Martin Buber ruft dazu auf, das einmalige „Gesicht" jeder Situation zu erfassen. Sie verstehen Ihr Gegenüber und betrachten die Dinge mit seinen Augen. Fühlt sich der Mitmensch von Ihnen verstanden, wird er auch offen für Ihren Einfluss.

In seinem Buch „Der Gehirnflüsterer" beschreibt Kevin Dutton, wie sich Winston Churchill empathisch verhielt:

Beispiel:
Im Sommer 1941 wurde Allen Ward für seine Tapferkeit ausgezeichnet. Er war in 4.000 Metern Höhe aus dem Flugzeug auf den Flügel des Bombers geklettert, um ein Feuer im Triebwerk zu löschen. Dabei war er nur durch ein Seil um die Taille gesichert. Winston Churchill war davon so beeindruckt, dass er den Sergeant zu sich in die Downing Street einlud, um ihm zu seiner Heldentat zu gratulieren. Während des Besuchs entwickelte sich zwischen den beiden Männern kein Gespräch. Der todesmutige Soldat war in der Gegenwart des großen Politikers dermaßen verlegen, dass er nicht die einfachsten Fragen von Churchill beantworten konnte. Deshalb versuchte es Churchill auf eine andere Weise: „Sie müssen sich wohl in meiner Gegenwart sehr befangen und unterlegen fühlen." „Ja, Sir", antwortete Ward. „Dann können Sie sicher auch nachempfinden, wie befangen und unterlegen ich mich in Ihrer Gegenwart fühle", erwiderte Churchill. Damit war das Eis gebrochen.

Von Winston Churchill wird eine weitere Begebenheit berichtet, bei der er wieder seine Fähigkeit zur Empathie bewies.

Beispiel:
Gegen Ende eines Staatsbanketts, zu dem die Würdenträger des Commonwealth eingeladen waren, beobachtete Churchill, wie sich ein Gast einen silbernen Salzstreuer in die Jackentasche steckte und den Raum verlassen wollte. Churchill überlegte, wie er den Diebstahl verhindern, aber auch einen peinlichen Zwischenfall vermeiden könnte. Daraufhin griff er nach dem Pfefferstreuer und steckte ihn ein. Dann ging er zum Dieb, zog den entwendeten Pfefferstreuer aus der Tasche, stellte

ihn vor dem Dieb auf den Tisch und sagte: „Man hat uns beobachtet, es ist besser, wir stellen die Dinge wieder auf den Tisch zurück.“

Auch in diesem Fall begab sich Churchill auf die Ebene des Gegenübers. Indem er sich selbst als Dieb ausgab, hatte er Erfolg mit seiner Beeinflussung.

Betrachten wir eine andere Situation:

Beispiel:
Wenn ein Ehemann zu seiner Frau sagt: „Ich komme abgerackert von der Arbeit nach Hause und du hast die Suppe total versalzen“, bringt er sich in eine unangenehme Situation, denn die Frau fühlt sich durch diese Aussage sehr abgewertet. Zur versalzenen Suppe kommt nun auch Ärger mit seiner Gattin. Mit Einfühlungsvermögen hätte er seinen Fehler vermeiden können. Hätte er nämlich zu seiner Frau gesagt: „Die Suppe schmeckt heute nicht so ausgezeichnet wie sonst“, wäre seine Botschaft erfolgreicher aufgenommen worden.

Zeigen Sie Empathie. Empathie macht Sie sensibel für die Bedürfnisse, Wünsche, Interessen und Gefühle des Partners. Auch auf sehr bedrohliche Situationen hat die Empathie einen positiven Einfluss. Mörder sind nur dann zu ihrer Tat fähig, wenn sie im Mitmenschen ein Objekt sehen oder ihn als Feind wahrnehmen. Dann gibt es keine Bindung zwischen beiden. Schafft es das Opfer, im Mörder die Empathie zu wecken, findet der Gewaltakt nicht statt. Es gibt eine Reihe solcher Fälle, bei denen das Opfer mit dieser Strategie überlebte.

Empathie ist neben Mut und Selbstvertrauen der wichtigste Faktor in der Kunst der Beeinflussung. Was ist nun notwendig, um diese so wichtige Fähigkeit zu verstärken?

WICHTIG: Empathie kann sich nur dann entwickeln, wenn Sie sich im Umgang mit Menschen von allen vorgefassten Meinungen und Urteilen über Personen trennen. Bei aller Ähnlichkeit ist jede Situation neu und einmalig, deshalb darf es keine vorher zurechtgelegte oder automatische Reaktion geben.

TIPP:

Empathie erfordert geistige Präsenz, das heißt mit der Situation direkt in Kontakt zu treten. Intellektuelles Verstehen und Erfassen, also Analysen, Interpretationen, Deutungen usw. blockieren.

Die sieben Gesprächsstörer verhindern Empathie:

- Ratschläge geben: „Sie sollten ...“
- Trösten: „Das ist nicht so schlimm ...“
- Von sich reden: „Mir ist etwas viel Schlimmeres passiert ...“
- Verhören: „Wann hat denn das Ganze angefangen ...?“

- Bemitleiden: „Du tust mir leid ..."
- Befehlen: „Reißen Sie sich zusammen ..."
- Erklärungen abgeben: „Ich hätte schon früher angerufen, wenn ..."

Seien Sie achtsam und konzentrieren Sie sich so auf die Wahrnehmung, dass sich keine weiteren Gedanken einmischen können.

Bei der Entfaltung zur Empathie hilft Ihnen die Methode des öffnenden Zuhörens von Carl Rogers, mit der wir uns im nächsten Abschnitt beschäftigen werden.

Nähe und Bindung

Welche große Bedeutung Annäherung, Nähe und Bindung haben, zeigt das folgende Beispiel.

Beispiel:
Max S. war mehrere Jahre ein erfolgreicher Serienbetrüger. Immer war viel Geld im Spiel, das er für seinen anspruchsvollen Lebensstil brauchte. Es machte ihm viel Spaß, andere Menschen zu etwas zu beeinflussen, das sie ohne seinen Einfluss nicht getan hätten. Max S. Devise lautete: „Gehe auf andere Menschen zu, schenke ihnen Aufmerksamkeit, schaffe Nähe und eine Bindung. So erreichst du, was du willst."

Neben seinem Selbstvertrauen und seiner positiven Ausstrahlung war sein Erfolgsrezept die sanfte Berührung: „Ich schaffe Kontakt durch eine sanfte Berührung des Armes und durch ein vorsichtiges Streicheln eines Teils des Rückens meines Gegenübers. So fühlen sich Menschen von mir geschätzt und gemocht. Ein solches Vorgehen schläfert das kritische Denkvermögen der meisten Menschen ein."

Max erreichte zwar, was er wollte, doch sein Betrug flog auf und nun sitzt er im Gefängnis.

Auch in religiösen Gemeinschaften wird durch das Zusammengehörigkeitsgefühl der Widerstand gegen Beeinflussung erheblich gesenkt. Ich kenne einen älteren, sehr sympathischen Herrn, der sonst sehr kritisch ist, aber bereits zweimal wurde er durch Glaubensbrüder um eine erhebliche Summe Geld geprellt.

Auf der Basis von zwischenmenschlichen Beziehungen und Gemeinschaftsgefühl lässt sich viel Einfluss schaffen. Wie weit das sogar führen kann, zeigte der Sektenführer Jones, der seine Anhänger im Dschungel Guyanas aufforderte, einen Fruchtsaft mit Zyankali zu trinken. Etwa 900 Mitglieder folgten seiner Aufforderung und starben.

Diese Beispiele machen deutlich, mit welchen Beeinflussungsmethoden das kritische Gehirn ausgeschaltet werden kann. Doch kommen wir wieder auf das eigentliche Ziel zurück, nämlich, die Beeinflussung für positive Zwecke zu nutzen. Schließlich wollen Sie ja nicht im Gefängnis landen.

Bonding

Die Kraft zur Annäherung und Kontaktaufnahme entwickeln Sie aus Ihrem Selbstwertgefühl und mit Mut. Mit Ihrer Annäherung schaffen Sie Nähe zum Mitmenschen und die Grundlage zum Aufbau einer Bindung (Bonding). Die Wissenschaft weiß heute, dass nicht nur Menschen, sondern alle Säugetiere ein Bedürfnis nach Nähe haben. Wer zum Beispiel einen Hund oder ein anderes Haustier hat, weiß um diese Tatsache. Forscher sprechen von einem Drang nach Nähe. Dieses Bedürfnis gilt nicht nur für räumliche, sondern auch für geistige Nähe. Haben Menschen gleiche Ziele, das heißt eine geistige Nähe, findet auch eine Anziehung statt. Jeder weiß, wie schnell sich Taucher, Skiläufer oder Bergsteiger sympathisch finden und in Kontakt treten.

WICHTIG: Bindung (Bonding) zwischen zwei Personen ergibt sich durch den emotionalen Austausch nach der Annäherung. Der Austausch von Emotionen ist Teil des Bindungsprozesses. Der wechselseitige Einfluss der Emotionen führt zu einem Energieaustausch. Synergie ist die Folge.

Was Bonding erfordert

Für die Fähigkeit zum Bonding ist es nicht notwendig, den anderen zu mögen, jedoch besteht die Unfähigkeit zum Bonding häufig darin, dass Menschen bei anderen nach Fehlern suchen. Sie erkennen die positiven Seiten der Mitmenschen nicht mehr. In diesem Fall könnte es Ihnen so gehen wie folgendem Mann:

> *Beispiel:*
> „Drei Dinge mag ich nicht: meinen Schwiegervater, eine Pudelmütze und Nudeln. Nun stellen Sie sich vor, wie ich mich fühle, wenn mir mein Schwiegervater mit einer Pudelmütze gegenüber sitzt und Nudeln isst."

Manche Menschen vermögen sich zwar anderen anzunähern, ohne jedoch eine Bindung einzugehen. Das Kennzeichen erfolgreicher Menschen ist aber, sich anzunähern und Bindungen entstehen zu lassen. So gelingt es, Mitmenschen zu beeinflussen.

Menschen, die sich ihrer Emotionen nicht bewusst sind oder diese sogar blockieren, haben beachtliche Schwierigkeiten. Sie sind erheblich darin eingeschränkt, Bindungen zu entwickeln. Um Bindungen zu Mitmenschen aufzubauen, haben Sie eine offene Körperhaltung zu zeigen. Dazu gilt es, positive Gefühle und damit Wärme auszustrahlen. Eine gefühlskalte Person, die ihr Gegenüber nicht anzusehen oder nicht zu berühren wagt, schafft keine Bindungen. Der Meisterbeeinflusser Max S. hatte das Erfolgsrezept der sanften Berührung für sich entdeckt. Mit seiner Fähigkeit, Nähe und

Bindungen zu schaffen, brachte er die Gefängniswärterin dazu, ihm zur Flucht zu verhelfen. Jetzt ist Max zwar draußen, doch sie sitzt drin.

Eigeninteresse

Sie werden Ihr Gegenüber beeinflussen können, wenn Sie ihm zur Befriedigung eines Bedürfnisses verhelfen. Deshalb ist das Eigeninteresse des Mitmenschen eine gute Grundlage, um darauf die Beeinflussung aufzubauen. Eine große Rolle spielt bei diesem Prozess, mit welchen Worten Sie Ihrem Gegenüber die Befriedigung seines Bedürfnisses klarmachen. Beeinflussung besteht somit aus dem Inhalt (der Sache) und der Verpackung (den Formulierungen).

> *Beispiel:*
> William Sommerset Maugham verfasste in jungen Jahren einen Roman, der sich sehr schlecht verkaufte. Sein Verleger war auch nicht bereit, für Werbung mehr Geld auszugeben, deshalb entschloss sich der Autor, auf seine Weise nachzuhelfen. In verschiedenen Tageszeitungen gab er eine Heiratsanzeige auf: „Junger Millionär, sportliebend, kultiviert, musikalisch, verträglicher, empfindsamer Charakter, wünscht junges hübsches Mädchen zu heiraten, das in jeder Hinsicht der Heldin des neuen Romans von W. S. Maugham gleicht." – Sechs Tage später war das Buch in allen Buchhandlungen ausverkauft.

In diesem Fall reichte es zur Beeinflussung bereits aus, die Hoffnung auf die Befriedigung eines Bedürfnisses zu wecken. Auch die Werbung ruft viele Vorstellungen hervor, die mit einem Produkt verbunden werden. Oft werden solche Hoffnungen nie erfüllt. Wie Sie auf das Eigeninteresse eingehen, davon später mehr.

Das Unerwartete tun

Sie beeinflussen Ihr Gegenüber, wenn Sie sich anders verhalten als erwartet. Überraschung ist die Grundlage Ihres Erfolgs.

Von Feldmarschall von Blücher überliefert uns Rudolf Lang folgende Geschichte:

> *Beispiel:*
> Einst hatte Blücher einem Soldaten eine Auszeichnung zu verleihen. Blücher – in guter Stimmung – fragte ihn: „Mein Sohn, was willst du lieber haben: das Eiserne Kreuz oder 100 Taler?" Der Soldat erwiderte: „Exzellenz gestatten die Frage: Welchen materiellen Wert besitzt der Orden?" – „Von der Ehre abgesehen, ist er wohl einen halben Taler wert." – „Exzellenz, dann bitte ich um das Eiserne Kreuz und um 99 und einen halben

Taler." Diese Antwort hatte Blücher nicht erwartet. Er heftete dem Soldaten das Eiserne Kreuz an die Brust und zahlte 99 und einen halben Taler aus der eigenen Tasche.

Zugegeben, die Taktik, das Unerwartete zu tun, fällt Menschen schwer, da sie viel Selbststeuerung erfordert.

Beispiel:
Ich erlebte einmal, wie ein Mann in einem Lokal laut zu seinem Gegenüber sagte: „Sie sind ein großer Trottel." Plötzlich wurde es still und alle Anwesenden schauten zum Beleidigten. Sie warteten gespannt darauf, was nun passieren würde. Doch der Beleidigte lächelte nur und antwortete: „Na und, was ist denn schon dabei?" Alle Zuhörer lachten über diese Antwort.

Aber: Je mehr Sie selbst von der Situation betroffen sind, umso schwieriger wird es, geschickt zu reagieren.

Beispiel:
Marschall Richelieu überraschte einst seine Gattin mit dem Stallmeister in einer eindeutigen Situation. Er sagte nur: „Stellen Sie sich vor, Madame, in welche Verlegenheit Sie geraten wären, wenn nicht ich, sondern irgendein anderer ins Zimmer getreten wäre."

Worin besteht das Vorgehen, um überraschend zu reagieren? Tun Sie ganz einfach das Gegenteil von dem, was Ihr Gegenüber erwartet.

Beispiel:
Einst ging Max die Straße entlang. Ein aufgeregter Mann kommt ihm entgegen und haut ihm eine runter. Der Mann sagt: „Da hast du's, Jankel." Max lacht. Der Mann fragt: „Soll ich dir noch eine Ohrfeige geben?", woraufhin Max sagt: „Ich lach' ja nur, weil ich nicht der Jankel bin."

TIPP:

- Widersprechen Sie nicht sofort, wenn Sie jemand kritisiert, sondern sagen Sie: „Können Sie mir bitte sagen, wie Sie zu Ihrer Meinung gelangt sind? Ich werde darüber nachdenken."
- Stellen Sie auf eine feindselige Reaktion Ihres Gegenübers die Frage „Ich sehe, Sie haben Bedenken. Können Sie mir erklären, was diese sind?", respektieren Sie die Sichtweise des anderen, ohne diese selbst anzunehmen. Sie geben dem Gegenüber das Gefühl, ihn mit Respekt zu behandeln, und seine Feindseligkeit wird sich reduzieren.

- Haben Sie einen Fehler begangen, ist es besser, dies zuzugeben, als ihn zu verharmlosen oder über längere Zeit tropfenweise verteilt einzugestehen.
- Seien Sie mutig und machen Sie neue Erfahrungen.
- Ein großes Hindernis, mit Neuem zu experimentieren, ist der Perfektionismus.
- Durchbrechen Sie gelegentlich Konventionen.

Es gibt keine Regeln und Konventionen, die immer gültig sind. Flexibilität hat eine viel höhere Bedeutung als alle Regeln. Damit kommen wir zum nächsten Abschnitt.

Flexibilität

Flexibilität ist die Fähigkeit, neue Situationen richtig zu erfassen und entsprechend zu behandeln. Führt eine Methode der Beeinflussung nicht zum Erfolg, wird eine andere ausprobiert.

Nun gibt es aber leider Menschen, die damit Schwierigkeiten haben.

Beispiel:
In einem Seminar sagte mir eine leitende Angestellte: „Ich mag meinen Vorgesetzten nicht. Ich hasse ihn sogar." Ich empfahl der Dame, dem Vorgesetzten einmal etwas Nettes zu sagen. „Diesem Menschen? Nein, niemals!", wehrte sie ab. Ich versuchte, sie mit einer anderen Sichtweise dazu zu bringen: „Stellen Sie sich vor, Sie geben dem Chef eine Anerkennung. Sie machen mit ihm sozusagen ein Experiment. Sie beobachten, welchen Einfluss Sie auf diese Weise auf ihn haben. Indem Sie agieren und er reagiert, haben Sie sogar Macht über ihn." Auch diese – zugegeben – extreme Betrachtungsweise vermochte die Dame nicht zu überzeugen. Sie entgegnete: „Ich hasse diesen Menschen. Nein, das tue ich nicht."

Dieser Hass machte die Dame zur Geisel, so dass sie nicht die innere Freiheit hatte, flexibel zu handeln. Gleichzeitig verhinderten diese extremen negativen Gefühle eine Annäherung zu ihrem Chef. In erster Linie fehlte es der Angestellten jedoch an Selbstwertgefühl, denn damit würde es ihr leichter fallen, Komplimente zu machen sowie spontan und flexibel zu handeln.

Humor

Mit Humor vermögen Sie auch in einer ernsten Situation das Komische zu erkennen. Humor ist die Fähigkeit, Elemente, die komisch oder amüsant sind, wahrzunehmen und auszudrücken.

Beispiel:
Einst musste ein Oberst Friedrich den Großen in eine Kirche begleiten. Der Soldat war wiederholt bei Beförderungen übergangen worden. In seiner Predigt sprach der Pfarrer mehrfach über Beelzebub, dem obersten der Teufel. Nach dem Gottesdienst sagte der Oberst zum König: „Ich habe seit zwanzig Jahren keine Kirche mehr besucht. Ich habe aber heute gesehen, dass es in der Hölle genauso zugeht wie auf Erden: Auch Beelzebub ist immer noch Oberst." Friedrich verstand und beförderte den Oberst zum General.

Mit dem Einsatz von Humor vermögen Sie erfolgreicher zu beeinflussen. Ein Witz, ein Bonmot oder eine aufheiternde Anekdote helfen, eine schwierige Argumentation einzuleiten und gegenseitiges Vertrauen aufzubauen. Sie werden den Spruch kennen: Lachen verbindet.

Der Witz war eines der wichtigsten Beeinflussungsinstrumente des ehemaligen US-Präsidenten Ronald Reagan. Viele, oftmals auch heikle Situationen entkrampfte er mit einem Witz, da er in der Lage war, jeden Witz mit einem anderen zu kontern. Selbst die schwierigsten Konferenzen beendete er mit einem Scherz, so dass die Mitarbeiter den Saal mit einem Lächeln verließen.

Beispiel:
Wiederholt war der Verkäufer Klein mit seiner Brillenkollektion bei einem Optiker nicht zum Erfolg gekommen. Immer wieder versuchte er es aufs Neue. Bei jedem Besuch sagte der Inhaber des Geschäftes zu ihm: „Der Laden ist voll. Ich habe keine Zeit." Als der Verkäufer zuletzt sagte: „Ich komme später wieder. Wann passt es Ihnen?", entgegnete der Optiker: „In den nächsten Wochen ist es schlecht. Sie sehen doch, was hier los ist. Zwei Angestellte sind krank. Ich habe keine Minute, mir Ihre Brillen anzuschauen. Ich habe keine Zeit." Trotz der Abfuhr besuchte Klein das Geschäft nach vier Wochen wieder. Bevor er jedoch in das Geschäft kam, fiel ihm beim nahen Kiosk eine Zeitung auf. Und dabei hatte er eine Idee. Selbstbewusst ging er in das Optikergeschäft und auf den Optiker zu und sagte: „So, heute habe ich Ihnen die ZEIT mitgebracht." Dann legte er dem Kunden besagte Zeitung auf den Tresen. Der Kunde musste lachen und sprach: „Ja, jetzt haben wir Zeit. Dann packen Sie bitte Ihre Muster aus. Länger als 20 Minuten sollte es nicht dauern."

TIPP:

Lesen Sie Witzbücher, um künftig eine versteckte humorvolle Perspektive in einer Situation zu erkennen. Denken Sie an einige Ihrer Fehler, die Sie begangen haben. Welchen amüsanten Aspekt können Sie darin erkennen? Entdecken Sie in einer Situation eine Parallele zu einem Witz, bringen Sie diese ins Gespräch ein, zum Beispiel: „Die Situation erinnert mich an folgende Geschichte ..." – so entkrampfen Sie das Gespräch.

Glaubwürdigkeit

Wenn Sie jemanden beeinflussen wollen, wird sich jeder fragen, ob Sie glaubwürdig sind. Glaubwürdigkeit entscheidet mit über Ihren Einfluss. Was hat Einfluss auf Ihre Glaubwürdigkeit?

Einflussfaktoren auf Glaubwürdigkeit

Glaubwürdigkeit wird Ihnen zugetraut, wenn Sie

- Selbstwertgefühl und Selbstvertrauen ausstrahlen
- wissen, was Sie wollen
- Interesse am Mitmenschen zeigen
- ein positives äußeres Erscheinungsbild haben
- einen offenen, ruhigen Blick zeigen
- eine optimistische Ausstrahlung haben
- Imponiergehabe und Perfektionismus vermeiden
- mit dem Gegenüber partnerschaftlich umgehen

Wie Sie wissen, können diese Verhaltensweisen auch vorgespielt sein. Um nicht auf falsche Versprechungen von magischen Verführern hereinzufallen, muss noch eine wesentliche Anforderung erfüllt sein:

Das Wichtigste bei der Glaubwürdigkeit ist die Einheit von Wort und Handeln. Was jemand sagt, muss dem Tatbestand, das heißt der Wahrheit entsprechen. Eine Person ist nur dann glaubwürdig, wenn Sie ihr auch glauben können.

In der folgenden Anekdote wurde die Wahrheit einer Aussage sehr bald offenkundig.

Beispiel:
Einst war Ludwig XIV. mit Kardinal Mazarin verabredet. Der König empfing ihn jedoch nicht und ließ sich wegen einer Migräne entschuldigen. Der Kardinal sagte nichts dazu und kam gegen Abend wieder. „Und Ihre Migräne, Sire?“ fragte er den König. „Sie ist fort“, erwiderte der Herrscher. Der Kardinal lächelte und sprach: „Ja, ich habe sie selbst fortgehen sehen, sie hatte ein blaues Kleid an.“

Leider fliegt nicht jede unwahre Sache so schnell auf.

Beispiel:
Als der ehemalige Bundeskanzler Adenauer für einige Wochen das Bett hüten musste, besuchte ihn der spätere Bundespostminister Stücklen. Adenauer beklagte sich bei ihm über den Finanzminister. Adenauer: „Das schlimmste ist, der lügt.“ Stücklen sagte: „Der auch?“ Nach drei, vier Sekunden sagte Adenauer: „Wie meinen Sie das?“

Um nicht zum Opfer der geheimen Verführer und dem Trommelfeuer der Werbung zu werden, benötigen wir ausgefeilte Methoden. Doch davon mehr in Kapitel 7.

Im Verkauf gibt es zur Wahrheit von Aussagen sehr weit gefasste Ansichten.

Beispiel:
So schreibt der Verkäufer Martin Limbeck in seinem Buch „Nicht gekauft hat er schon“: „Nicht die Sekretärin unterschreibt den Auftrag, sondern der Entscheider. Mit dem müssen Sie ins Gespräch kommen. Auch wenn Sie bei der Wahrheit etwas weglassen oder die Wahrheit etwas erweitern müssen. Nur lügen dürfen Sie nie.“

Die Frage liegt natürlich nahe: Sind das Weglassen und das Erweitern auch eine Lüge? Wenn zum Beispiel eine wichtige Information weggelassen wird, tritt an die Stelle der Wahrheit die Lüge.

Derartige „kreative Betrachtungsweisen“ haben schon immer eine Rolle gespielt. Viele jüdische Witze haben die Arbeit des Heiratsvermittlers zum Inhalt. Darin muss der Heiratsvermittler den vorgeschlagenen Partnern viele Vorteile andichten. Da die armen Kerle auch um ihren Lebensunterhalt kämpfen müssen, lügen und phantasieren sie darauf los. Der Sinn all dieser Witze liegt tiefer, nämlich in einem unausgesprochenen Gedanken. Danach spielt es keine Rolle, welchen Fehler der angebotene Partner hat, denn Fehler hat jeder Mensch und diese werden nur durch Liebe erträglich. Im nachfolgenden Witz entschlüpft dem Vermittler am Ende doch die Wahrheit.

Beispiel:
Heiratskandidat: „Ich höre, das von Ihnen vorgeschlagene Mädchen soll hässlich sein?“
Vermittler: „Seien Sie froh. Schöne Frauen sind untreu!“
„Geld hat sie auch keines?“
„Ach, reiche Frauen sind so anspruchsvoll.“
„Der Vater soll zweimal bankrottiert haben?“
„Na und? Heiraten Sie den Alten oder das Mädchen?“
„Und trinken soll sie auch?“
Darauf der Heiratsvermittler: „Nicht einen einzigen Fehler darf sie haben?“

TIPP:

Da viele Menschen die Neigung haben, anderen blind zu vertrauen, gilt es kritisch zu sein. Das ist zwar nicht bei jedem menschlichen Kontakt notwendig, doch immer dann, wenn viel auf dem Spiel steht. Nun haben nicht nur Menschen Schwächen. Bei jedem Produkt oder worum es sich handelt, gibt es ein Pro und ein Contra. Wer zu einer Sache neben den positiven Aspekten auch einen kleinen Nachteil nennt, wirkt glaubwürdiger.

2 Techniken, um Menschen zu gewinnen

Lächeln

Mit Ihrem Lächeln zeigen Sie Ihrem Gegenüber, dass Sie seine Gegenwart positiv empfinden und ihn anerkennen. Lächeln hat auf Mitmenschen eine enorme Wirkung. Ein chinesisches Sprichwort sagt: „Ein Lächeln, das du aussendest, kehrt zu dir zurück als Glück."

Damit ist kein Grinsen gemeint. Bei einem echten Lächeln bewegen sich Ihre Muskeln um den Mund und um die Augen. Achten Sie darauf, dass Sie mit dem ganzen Gesicht lächeln. Bedenken Sie: Bei einem ernsten Gesicht werden 65 Muskeln aktiv, bei einem Lächeln nur zehn. Warum wollen Sie deshalb Energie vergeuden und sich überanstrengen?

Paul Ekmann hat entdeckt, dass bei einem echten Lächeln der äußere Augenmuskel aktiviert wird. Willentlich schaffen das höchstens zehn Prozent der Menschen. Was ist zu tun, um überzeugend zu lächeln? Sie erreichen das Ziel über einen Umweg. Haben Sie ein positives Gefühl, zeigen Sie automatisch ein echtes Lächeln.

TIPP:

Stellen Sie sich eine Situation vor, in der Sie sich sehr wohlgefühlt haben oder in der Sie sich sehr wohlfühlen werden, zum Beispiel ein Treffen mit einem sehr engen Jugendfreund, den Sie lange Zeit nicht gesehen haben. Gemeinsam hatten Sie viele positive Erlebnisse. Nun steht er Ihnen gegenüber und Sie spüren Ihre Freude: Ihr Lächeln ist echt!

Sympathie und Ähnlichkeit

Sind Sie dem Mitmenschen sympathisch und ähnlich, haben Sie Einfluss auf ihn.

Sympathie

Sie werden niemand zu etwas beeinflussen können, wenn Sie ihm nicht sympathisch sind. Ihre Chancen zu beeinflussen steigen erheblich, wenn Sie Ihren Sympathiewert erhöhen. Ganz entscheidend hierfür ist, wie Ihre Einstellung zu Ihrem Gegenüber ist.

Haben Sie dieser Person gegenüber eine negative Einstellung, ist auch Ihre Ausstrahlung negativ. Bei einer positiven Einstellung strahlen Sie positive Gefühle aus. Ist Ihr durchschnittliches Gefühlsniveau im negativen Bereich, strahlt das nach außen.

Ralph Emerson sagt dazu: „Was du bist, schreit so laut in meine Ohren, dass ich nicht hören kann, was du sagst."

Die Kombination von Selbstvertrauen und positiver Ausstrahlung führt zu Charisma. Es ist ein sehr effizientes Instrument zur Beeinflussung. Je stärker Ihr Glaube an sich selbst und Ihr Ziel ist, desto positiver ist Ihre Ausstrahlung. Damit wächst auch Ihr Charisma. Menschen, die sich selbst nicht mögen und mit sich selbst unzufrieden sind, werden auch ihre Mitmenschen nicht mögen. Außerdem projizieren sie ihre Selbstzweifel nach außen. Wie vertraut Sie mit der Person sind, hat direkten Einfluss auf die Sympathie. Im Verkauf wird das genutzt, um mit Wiederholungsbesuchen Vertrautheit zu erzeugen.

TIPP:

Betreiben Sie Gefühlsmanagement. Seien Sie achtsam auf Ihre Gefühle. Haben Sie ein negatives Gefühl, sagen Sie „Stopp". Denken Sie dann an positive Dinge, um positive Gefühle zu entwickeln.

Ähnlichkeit

Wir mögen Leute und finden sie sympathisch, wenn sie uns ähnlich sind. Die Ähnlichkeit bezieht sich auf Herkunft, Hobbys, Lebensstil und Meinungen. Um mit dem Ähnlichkeitsprinzip zu beeinflussen, benötigen Sie mehr Wissen über die Zielperson. Achten Sie auf das, was Ihnen Ihr Gegenüber oder auch andere erzählen. Nehmen Sie wahr und analysieren Sie:

- Welche Interessen hat die Zielperson?
- Was findet sie gut, was findet sie schlecht?
- Was sind ihre hauptsächlichen Gesprächsthemen?
- Welche Sprache hat sie?
- Was sind ihre Worte?

Beispiel:
Die Person, die Sie beeindrucken wollen, interessiert sich stark für Fußball und Autorennen und spricht entsprechend häufig darüber. Beschaffen Sie sich zu diesen Themen Informationen, etwa aus der Tageszeitung und dem Internet, schauen Sie sich aktuelle Sendungen im Fernsehen an. Wenn Ihre Person das nächste Mal zu den Themen spricht, sammeln Sie mit Ihren Kommentaren zum Gespräch Pluspunkte.

Nehmen wir an, die Person Ihres Interesses liebt das Meer und eine gute Küche. Reden Sie mit ihr über Kochrezepte und Ihre Urlaubserlebnisse an der See. Geben Sie Ihrer Zielperson sogar ein neues Rezept, haben Sie die Person für sich gewonnen.

Mitmenschen verstehen

Wollen Sie jemanden mit Argumenten beeinflussen, ohne Näheres über ihn zu wissen, werden Sie oft Widerstand auslösen. Interessieren Sie sich jedoch für ihn und versuchen ihn zu verstehen, haben Sie den Schlüssel zu seinem Herzen. Je mehr er redet, desto mehr enthüllt er seine Vorlieben und Abneigungen. Erst dann wissen Sie, worauf Sie später Ihre Beeinflussung aufbauen.

Doch was gilt es zu tun, damit sich Ihr Gegenüber Ihnen mehr öffnet? Mit der Technik des einfühlsamen Zuhörens erreichen Sie dieses Ziel.

Einfühlsames öffnendes Zuhören

Das Wichtigste dabei ist, auf den anderen nicht durch die eigene Brille zu schauen und die eigene Biografie beiseitezulegen. Was ist die Voraussetzung, Mitmenschen zu verstehen?

WICHTIG: Interessieren Sie sich für den anderen und hören Sie ihm zu, ohne zu unterbrechen.

TIPP:

Vermeiden Sie die sieben Gesprächsstörer, um Mitmenschen besser zu verstehen (Kapitel 1).

Im folgenden Beispiel verwendet die Mutter gleich drei Gesprächsstörer: Sie macht einen Vorwurf, redet von sich und gibt Ratschläge:

Beispiel:
Der 16-jährige Max kommt von der Schule nach Hause. Er macht einen frustrierten Eindruck.
Die Mutter sagt: „Max, sag mir, was du hast. Ich will dich verstehen. Ich will, dass du dich gut fühlst."
Max: „Ich mag nicht drüber reden, es ist mir sehr peinlich."
Mutter: „Max, sag schon, was du hast!"
Max: „Ich habe in Mathematik eine Sechs geschrieben, ich mag den Lehrer und die

Schule nicht." – „Eine Sechs hast du und magst die Schule nicht mehr?" Die Mutter ist erregt: „Dabei tun wir das Beste für dich, damit es dir später gut geht. Ich habe als Kind auch die Schule nicht gemocht. Und der Mathematiklehrer war mir auch unsympathisch. Doch ich bin weiter in die Schule gegangen ..."

Wir brechen das Beispiel an dieser Stelle ab und setzen es in Kapitel 6 fort.

Die meisten Menschen sind der Ansicht, sie würden einfühlsam zuhören. Doch das ist nicht der Fall. Viele Zuhörer wollen den anderen gar nicht verstehen, sondern projizieren nur ihre eigenen Erfahrungen auf ihn. Oder sie bewerten die Erlebniswelten des anderen sofort und verschließen sich so seiner Welt. Sie wollen nicht aus der eigenen Deckung heraus und vermeiden, die Welt des anderen als neues Erlebnis zu erspüren.

WICHTIG: Zeigen Sie Offenheit! Projizieren Sie nicht Ihre eigenen Sichtweisen und Erlebnisse auf Ihr Gegenüber. Einfühlsames Zuhören schafft nicht nur bessere Beziehungen zum Mitmenschen, sondern Sie erkennen auch dessen Wünsche, Interessen und Motive. Nur so ist erfolgreiches, an der Individualität des Mitmenschen orientiertes Beeinflussen möglich.

Wie ist nun vorzugehen, um das einfühlsame Zuhören anzuwenden? Dazu gibt es vier Techniken, um Ihr Gegenüber dazu zu bringen, sich zu öffnen und Ihnen über sich zu erzählen.

1. Spiegeln Sie Aussagen

Wiederholen Sie das, was Ihr Gegenüber gesagt hat, mit anderen Worten. Die Kernaussage muss aber erhalten bleiben.

Beispiel:
A: „Die Situation ist irgendwie ungewohnt."
B spiegelt: „Das ist noch alles neu für Sie."

Vorteile: Sie (B) melden zurück, was Sie verstanden haben. Meint Ihr Gesprächspartner (A) eine Abweichung festgestellt zu haben, kann er das Missverständnis sofort beheben. Sie machen dem Partner seine Aussage durch die Spiegelung bewusster, und bevor Sie weiterreden, fühlen Sie sich in dessen Situation besser ein. Häufig ergänzt Ihr Gegenüber seine Aussage, und was dann gebracht wird, ist oft das Wesentliche. Sie zeigen Ihr Interesse, was sich positiv auf die Beziehungsebene auswirkt.

2. Die weiterführende Frage

Stellen Sie bei einem Gespräch Frage um Frage, erweckt das den Eindruck eines Verhörs. Die Folge ist, Ihr Gesprächspartner wird sich Ihnen verschließen. Die Frage:

„Können Sie mir bitte mehr dazu erzählen?" ist nicht bedrängend. Dagegen ist die Warum-Frage in jedem Fall zu vermeiden, da sie bei den meisten Menschen wie eine Anschuldigung wirkt und eine Rechtfertigung auslöst.

Die weiterführende Frage ist gut einsetzbar, denn sie führt dazu, einzelne Aspekte einer Aussage zu vertiefen. Mit ihr fragen Sie nach Gefühlen, um den Partner zu einer vertiefenden Aussage zu bewegen, zum Beispiel:

- „Was bedeutet Ihnen …?"
- „Ich frage mich gerade, wie viel Ihnen an … liegt?"
- „Was empfinden Sie, wenn …?"

3. Die klärende Frage

Die klärende Frage ist einzusetzen, wenn ein Teil in der Mitteilung des Partners zunächst nur nebensächliche Bedeutung zu haben scheint. Meist ergeben sich aber beim Ansprechen dieser Worte vertiefende Aussagen.

Solche Worte sind: vielleicht, prinzipiell, irgendwie, an und für sich, möglicherweise. Diese Worte werden vom Partner oft verwendet, wenn es für ihn selbst noch Unklarheiten gibt. Um möglichst viele Informationen zu erhalten, ist es jedoch wichtig, mit einer offenen Frage nachzufragen, zum Beispiel:

- „Was meinen Sie mit … eigentlich?"
- „Vielleicht bedeutet für Sie …?"
- „Sie sagen möglicherweise …"

4. Statements (Gefühlsspiegelungen)

Mit Statement bezeichnet Rogers eine Aussage zu den Gefühlen des Gesprächspartners, die direkt ins Gespräch gebracht werden.

Beispiel:
A: „Ich habe mich so auf den Urlaub gefreut. Jetzt habe ich Fieber und kann nicht verreisen."
B: „Sie sind enttäuscht."

Mit den Statements steht Ihnen ein effektives Instrument zur Verfügung. Wenden Sie es an, werden Sie oft erreichen, dass sich Ihr Gesprächspartner mehr öffnet. Diese Statements sind als Aussage und nicht als Frage zu formulieren. Sie müssen nicht befürchten, sich in einer Gefühlsnennung zu irren: Der Partner wird falls notwendig korrigieren. Es ist nicht notwendig, das Gefühl genau zu treffen.

TIPP:

Bemühen Sie sich, den Gesprächspartner besser zu verstehen. Sein Tonfall und seine Körpersprache geben Ihnen Hinweise auf seine emotionale Situation. Mit der Technik des einfühlsamen Zuhörens schaffen Sie eine besonders positive Beziehung zum Mitmenschen. Mit Ihren Statements in Kombination mit den Aussagespiegelungen lösen Sie gleichsam einen inneren Vulkan beim Gegenüber aus. Sie erhalten Informationen für Ihre Beeinflussungstechniken, die Ihnen kein anderes Vorgehen liefert.

Zahlreiche Statement-Formulierungen und weitere Beispiele finden Sie in dem im Walhalla Fachverlag erschienenen Buch „Kommunikation mit Herz und Verstand" (ISBN 978-3-8029-3443-8).

Komplimente

Ein Kompliment ist eine lobende Äußerung an eine Person. Komplimente beziehen sich auf die Leistungen und Erfolge, die äußere Erscheinung oder die inneren Werte eines Menschen.

Das Kompliment zählt zu den wirksamsten Strategien, um Gefühle zu beeinflussen. Wer uns ein Kompliment macht, den finden wir fast immer auch nett. Wir sind seinen Wünschen gegenüber viel aufgeschlossener als ohne das erhaltene Kompliment. So dient ein Kompliment auch dazu, positiv zu beeinflussen.

Natürlich sollte ein Kompliment glaubhaft sein. Mit einem unglaubhaften Argument erreichen Sie das Gegenteil von dem, was Sie wollen, während unbedachte, routinemäßige und ungeschickte Formulierungen sogar schaden können.

Beispiel:
Eine Dame erzählte mir, dass ihr, selbst wenn sie sehr erkältet sei und nicht den besten Eindruck mache, ein Vertreter regelmäßig sagen würde: „Sie sehen aber wieder gut aus." Das könne sie nicht mehr hören.

Bei einem Seminar sagte ein junger Mann während einer Gesprächsübung zu einer Dame: „Ihr Kleid steht Ihnen ausgezeichnet. Günstig beim Sommerschlussverkauf gekauft?" – Die anderen Teilnehmer brüllten vor Vergnügen.

Es zeigt sich: Es ist nicht ganz einfach, ein wirksames Kompliment zu formulieren. Gehen wir davon aus, Sie haben etwas Positives am Gegenüber festgestellt. Folgende Muster helfen Ihnen, den Gedanken zu formulieren.

Muster für Komplimente

1. *Kürze*
   Super, ausgezeichnet, vortrefflich usw.

2. *Begründung*
   - „Seit ich mit dir zusammenarbeite, habe ich viel über Beschaffung gelernt."
   - „Seitdem du hier bist, ist die Stimmung in der Gruppe positiv geworden."
   - „Dass mir dieser Erfolg gelungen ist, verdanke ich Ihnen."

3. *Vergleich*
   - „Ihre Argumentation ist besser als die der anderen."
   - „Sie sind in der Abteilung der Fels in der Brandung."
   - „Du bist die Sonne in meinem Leben."

4. *Dreisatzverknüpfung*
   - „Viele Menschen sind fleißig. Einige sind kreativ. Beides in Ihnen vereinigt zu finden ist sehr selten."

5. *Herausstellung*
   - „Ihre Meinung ist für mich besonders wichtig."
   - „Gerade Ihnen möchte ich gerne zeigen, welche Vorteile die Anlage bringt."

6. *Rhetorische Frage*
   - „Wissen Sie eigentlich, dass Sie eine große Bereicherung für unsere Abteilung sind?"
   - „Wie ist es nur möglich, in deiner Gegenwart alles andere zu vergessen?"

7. *Wenn-dann-Formulierung*
   - „Wenn ich nicht Deutscher wäre, wünschte ich mir Schweizer zu sein."
   - „Wenn wir dich nicht hätten ..."

8. *„Du bist ...*
   einmalig, außergewöhnlich, klug, sensibel, usw."

9. *Soziale Verstärkung*
   „Von deiner positiven Ausstrahlung ist jeder hier begeistert."

10. *Einzigartigkeit*
    „Du hast viele Vorzüge. Mich beeindrucken die, in denen du einzigartig bist, und zwar ..."

Gloria Beck weist in ihrem Buch „Komplimente“ neben diesen zehn auf weitere Grundmuster der Formulierung hin.

TIPP:

Zunächst haben Sie etwas Positives am Mitmenschen zu erkennen. Dazu gilt es, Offenheit und Wahrnehmungsfähigkeit zu verbessern. Erst danach formulieren Sie das Kompliment.

Bauen Sie die Einstellung auf: An jedem Menschen gibt es Positives zu entdecken. Trainieren Sie Ihre Beobachtungsgabe und Ihre Fähigkeit, Komplimente zu formulieren. Sie machen besonders dann wirksame Komplimente, wenn Sie die Rowland-Technik nutzen.

Die Barnum-Technik

Die Barnum-Technik eignet sich sehr gut dafür, eine positive Verbindung zum Gesprächspartner zu schaffen. Diese Technik nutzt den Forer-Effekt. Bertram R. Forer war ein Psychologieprofessor, der in den 40er-Jahren einen sehr interessanten Versuch durchführte.

Der Forer-Effekt

Forer übergab Studenten Formulare für einen Persönlichkeitstest, die sie ausfüllen sollten. Danach überreichte er ihnen die Auswertung des Testes mit den Aussagen zu ihrer Persönlichkeit. Die Studenten sollten anschließend die Zuverlässigkeit des Tests beurteilen. Jede Aussage wurde mit einer Note von 1 (Trifft am wenigsten zu.) bis 5 (Trifft voll zu.) bewertet. Die Studenten vergaben eine durchschnittliche Punktzahl von 4,2.

Vielleicht gehen Sie nun von einem sehr exakten Test aus. Doch das ist nicht der Fall. Forer hatte jedem Studenten dasselbe Persönlichkeitsprofil ausgehändigt.

Wie ist ein solches Ergebnis möglich? Lesen Sie bitte zur Beantwortung der Frage einen Ausschnitt aus seinem Text:

Die Forer-Charakteranalyse

„Sie haben ein starkes Bedürfnis danach, dass andere Sie mögen und schätzen, zeigen aber auch eine Neigung zur Selbstkritik. Mit Ihren Schwächen können Sie gut umgehen. Sie verfügen über einige Qualitäten, die Sie noch nicht richtig anwenden konnten.

Nach außen erscheinen Sie kontrolliert, fühlen sich jedoch gelegentlich verunsichert und ängstlich. Manchmal fragen Sie sich, ob Sie richtig entschieden und gehandelt haben. Sie schätzen Veränderung, wenn sie nicht zu groß ist. Sie fühlen sich unwohl, wenn Sie eingeengt werden."

Wahrscheinlich haben Sie schon festgestellt, worum es beim Forer-Effekt geht. Es handelt sich um allgemeine Beschreibungen, die auf jedermann zutreffen. Sie lesen sich aber so, als seien sie individuell gemacht.

Der Psychologe Paul Meehl war beeindruckt von Forers Text, formulierte ihn um und stellte die sogenannten „Barnum-Statements" auf. Phineas Taylor Barnum war ein amerikanischer Zirkusdirektor, der viele Leute beeinflusste, in seinen Zirkus zu kommen. Barnum-Statements sind demnach solche Sätze, die die Mehrzahl der Menschen ansprechen, zum Beispiel:

- „Sie haben von sich den Eindruck, in Ihnen ist noch viel ungenutztes Potenzial."
- „Manchmal fühlen Sie sich ungerecht behandelt, weil andere Sie unterschätzen und Ihre Arbeit nicht würdigen."
- „Einige Ihrer Hoffnungen sind vielleicht unrealistisch, obwohl sie berechtigt sind."

Diese Sätze eignen sich, schnell positiven Kontakt zum Gesprächspartner zu schaffen. Er fühlt sich von Ihnen verstanden. Wenn sich jemand von einer anderen Person erkannt fühlt, verleiht es diesen besonderen Reiz. Diese Wirkung erreichen Sie aber nur, wenn Sie Ihr Gegenüber so beschreiben, wie er sich selbst sieht und nicht, wie er ist. Nur so fühlt sich Ihr Gegenüber „abgeholt".

TIPP:

Beschreiben Sie Ihr Gegenüber mit Barnum-Sätzen. Fühlt er sich falsch beschrieben, erkennen Sie das an seinen Reaktionen. Wenden Sie in dieser Situation die von Ian Rowland beschriebene Forking-Technik (Aufgabeln) an. Davon im nächsten Abschnitt mehr. Sie werden überrascht sein, wie schnell Sie einen positiven Kontakt zum Gegenüber schaffen.

Die Rowland-Techniken

Ian Rowland wurde mit seinen Enthüllungen über die verbalen Techniken der professionellen Wahrsager und Kartenleger bekannt. Die von ihm entwickelten Rowland-Techniken lassen sich erfolgreich beim Beeinflussen einsetzen, da sich eine Person dabei besonders gut verstanden fühlt.

Beispiel:
„Sie sind eine aufgeschlossene Person und gehen auf andere zu. Sie schätzen den Kontakt zu Menschen und ein gutes Gespräch – doch die Voraussetzungen müssen gegeben sein. Wenn die Atmosphäre nicht stimmt, können Sie auch sehr zurückgezogen sein."

Wer wird wohl diesen Sätzen widersprechen? Die Ausführungen enthalten sogar einen Gegensatz. Der Erfolg liegt aber darin, dass Ihr Gesprächspartner unbewusst das annimmt, was zu ihm passt.

Menschen hören selektiv zu. Sie vergessen schnell, was für sie nicht zutrifft. Achten Sie jedoch darauf, bei Ihren Aussagen keine präzisen Einzelheiten zu nennen. So bleiben Sie flexibel. Arbeiten Sie mit den Gegensatzpaaren wie fleißig – entspannt, skeptisch – entspannt. Rowland hat die Barnum-Technik durch die Technik des Forking (Aufgabeln) verbessert.

Beispiel:
Verwenden Sie das folgende simple Barnum-Statement: „Sie neigen dazu, sehr selbstkritisch zu sein." – Stimmt Ihr Gegenüber dem zu, können Sie die Aussage vertiefen: „Manchmal sind Sie sehr hart mit sich und ärgern sich über Fehler, über die sich andere noch nicht einmal Gedanken machen würden. Manchmal stehen Sie sich selbst im Weg und Ihre selbstkritische Seite hält Sie bei manchen Gelegenheiten zurück." – Lehnt Ihr Gegenüber diese Äußerung jedoch ab, vertiefen Sie die Aussage in der entgegengesetzten Richtung: „Aber Sie haben gelernt, die Neigung zu überwinden und ruhen in sich."

WICHTIG: Achten Sie auf Ihren Gesprächspartner! Entscheiden Sie an seiner Reaktion, ob Sie die Charakterzüge vertiefen oder verringern.

Rowland nennt die von ihm entwickelten Techniken „cold reading" und wendet diese im Verkauf, Management und anderen Bereichen an. Er betont, dass er die Techniken nur in ethisch positiver Weise nutzte.

Nun zu den bereits angekündigten Komplimenten nach der Rowland-Technik.

Beispiel:
Ein normales Kompliment ist: „Ich schätze Sie als offenen Menschen."
Nach Rowland ist es folgendermaßen zu formulieren: „Ich habe den Eindruck, dass Sie eine offenere Einstellung haben als viele andere Menschen. Ihre positive Haltung wurde bestimmt schon ausgenutzt. Sie bekennen sich aber weiter dazu, weil es zu Ihrem Wesen passt, Ihre positive Einstellung hat Ihnen mehr geholfen als geschadet. Deshalb vertrauen Sie weiter darauf."

Wer würde wohl diesem Kompliment widersprechen? Mit diesem Vorgehen vermeiden Sie die Gefahr des „Schleimens“. Die positive Wirkung des Rowland-Kompliments besteht darin, einen dynamischen Beziehungsprozess zum Verhalten anderer Menschen und zur menschlichen Situation herzustellen.

Aber: Machen Sie nicht den Fehler, jemanden mit einer speziellen Person oder Gruppe zu vergleichen.

Die Rowland-Technik lässt sich auch gut im Verkauf, vor allem bei unentschlossenen Kunden anwenden.

Beispiel:
„Ich habe den Eindruck, dass sich in Ihnen etwas dagegen wehrt, was ich Ihnen erläutere. Wenn Sie diesen hinderlichen Widerstand aufgeben, erkennen Sie, was Ihnen entgeht. Schauen Sie rein sachlich auf das Angebot. Dann sehen Sie, wie viel Gutes es Ihnen bringt.“

TIPP:

Nutzen Sie die Rowland-Techniken, um Menschen für sich zu gewinnen. Diese Techniken sind bisher nicht vielen Menschen bekannt.

3 Beeinflussungstechniken

Anziehungstechnik

Was ist erforderlich, um von Mitmenschen anziehend empfunden zu werden? Sicherlich haben ein gepflegtes Aussehen, eine zur Situation passende Kleidung sowie die Anziehungskraft Ihrer Person darauf Einfluss. Doch weitaus wirksamer sind andere Komponenten. Sie wurden bereits in den vorangegangenen Kapiteln teilweise erwähnt. Wegen der großen Bedeutung werden sie hier noch einmal zusammengefasst.

1. Selbstwert, Selbstbewusstsein, Selbstvertrauen
   Selbstbejahung und Erfolgserlebnisse bauen Sie mit der erwähnten Bejahungstechnik auf.

2. Positive Ausstrahlung
   Dazu verhilft Ihnen die Praxis der Techniken der Gedanken- und Gefühlssteuerung.

3. Interesse, Empathie, Wertschätzung und Respekt
   Interessieren Sie sich für Mitmenschen und schenken Sie ihnen Wertschätzung. Das erhöht Ihre Anziehungskraft. Mit den Techniken des genauen und öffnenden Zuhörens sowie den Rowland-Techniken zeigen Sie Empathie und wirken sympathisch.

4. Ähnlichkeit in Werten und Einstellungen
   Personen mit gleichen Einstellungen und Werten sind sich sympathisch. Suchen Sie deshalb nach Ähnlichkeiten und Gemeinsamkeiten und bringen Sie diese ins Gespräch ein.

5. Befriedigen Sie Wünsche Ihrer Mitmenschen, ohne sich ausnutzen zu lassen. Halten Sie Ihre Zusagen ein.
   Wenn Sie all diese Punkte beachten, wecken Sie Vertrauen und sind glaubwürdig.

6. Schaffen Sie Verbindlichkeit.
   Achten Sie jedoch darauf, je nach Situation und Verhalten der Mitmenschen mehr Nähe oder Distanz zu zeigen.

Verbindliche und unverbindliche Gesprächsthemen

Gesprächsthemen, mit denen Sie Verbundenheit und Nähe herstellen:
- Familie
- Persönliche Anliegen und Pläne
- Kinder, Geschwister
- Politische Ansichten (bei Gleichheit)
- Suche um Rat
- Persönliche Erlebnisse und Einstellungen

Unverbindliche Gesprächsthemen, mit denen Sie Distanz halten:
- Wetter
- Straßenverkehr
- Umgebung
- Arbeit
- Sendungen im Fernsehen oder Filme

7. Trainieren Sie ganz allgemein Ihr Kontaktverhalten.
   Nehmen wir an, Sie sitzen im Zug oder am Flughafen. Suchen Sie sich eine Person aus, von der Sie den Eindruck haben, dass sie zu einer Unterhaltung bereit ist. Stellen Sie offene Fragen, zunächst zur Umgebung, dann zu einem aktuellen Thema:

   - „Welches Wetter haben Sie in den letzten Tagen erlebt?“
     Wenn Sie sich so eine Weile unterhalten haben, schneiden Sie aktuelle Tagesthemen an:
   - „Wie denken Sie über …?“
   - „Was halten Sie von …?“
   - „Was müsste man Ihrer Meinung nach tun?“

TIPP:

Verstärken Sie Ihre Anziehungskraft durch regelmäßiges Training. Üben Sie Ihr Kontakt- und Kommunikationsverhalten an den Menschen Ihrer Umgebung.

ABWEHRSTRATEGIEN:

Lassen Sie sich nicht vom Schein eines Menschen blenden. Beurteilen Sie Ihr Gegenüber nicht nach seinen Worten, sondern nach seinen Handlungen und Tatsachen.

Aufmerksamkeit erzeugen

Sie erinnern sich an Zirkusdirektor und Showtalent Phineas Taylor Barnum. Zu Anfang seiner Karriere erteilte ihm sein Vorgesetzter eine Lektion.

> *Beispiel:*
> Als Barnum noch Assistent des Zirkusbesitzers war, kam er mit dem Zirkus nach Maryland. Am Morgen des Premierentages spazierte er in einem neuen Anzug durch die Stadt. Bald heftete sich eine wütende Menge von Menschen an seine Fersen, zerfetzten seinen Anzug und wollten ihn lynchen. Die Leute hielten ihn für den zu Unrecht freigelassenen Mörder Avery. Barnum gelang es schließlich, die Leute zu überzeugen, ihm zum Zirkus zu folgen. Dort wollte er beweisen, dass er nicht Avery sei. Beim Zirkus angekommen, bestätigte der Zirkusleiter, dass er verbreitet habe, Barnum sei Avery. Die Menge beruhigte sich und löste sich auf. Natürlich wollte Barnum von seinem Chef wissen, warum er ihm diesen Streich gespielt habe. Dieser sagte: „Das war zu unser aller Vorteil. Um Erfolg zu haben, braucht man Beachtung, Aufmerksamkeit.“ Barnum hatte seine Lektion gelernt.

Hier nur eine von Barnums späteren Aktivitäten.

> *Beispiel:*
> Barnum kaufte in Japan den Kadaver einer angeblichen Nixe. In Wirklichkeit war das Wesen aus einem Affen und einem Fisch perfekt zusammengefügt. Anschließend verbreitete er in allen Zeitungen die Neuigkeit über den Fang einer Nixe auf den Fidschi-Inseln, die er jetzt in Amerika in seinem Museum ausstellen werde. Gleichzeitig verschickte er Holzschnitte mit den Darstellungen von Nixen. Natürlich strömten die Menschen in Massen in das Museum, um die Nixe bestaunen und an der Diskussion teilnehmen zu können. Barnum schrieb sogar anonyme Briefe gegen seine Tätigkeit, damit sein Name weiter in den Zeitschriften erwähnt wurde.

WICHTIG: Erregen Sie positive oder negative Aufmerksamkeit! So beeinflussen Sie erfolgreich und haben Erfolg. Nicht nur Barnum hat Menschen durch das Erzeugen von Aufmerksamkeit beeinflusst.

> *Beispiel:*
> Einst wurde Oscar Wilde zu einer Vortragsreise zum Thema „Die englische Renaissance, die Kunst um ihrer selbst willen“ eingeladen. Wilde war mehr durch die Art seines Auftretens als durch sein Werk bekannt geworden. Bei seinem Vortrag wirkte Wilde durch seine Aufmachung ziemlich abstoßend, seine Stimme sehr gekünstelt. Doch sein Vortrag selbst war sehr geistreich und wurde ein voller Erfolg.

Der Auftritt Wildes war nüchtern berechnet. Er spielte gern mit Gegensätzen. Der Gegensatz zwischen seiner Erscheinung und seinem geistreichen Vortrag verunsicherte die Menschen und dennoch zog es sie zu ihm hin.

Die Wirkung eines solchen paradoxen Verhaltens ist offenbar besonders beeindruckend. Die Anziehungskraft eines eindimensionalen Auftritts erschöpft sich bald. Wollen Sie auch über einen längeren Zeitraum Aufmerksamkeit erreichen, müssen Sie mysteriös wirken. Zeigen Sie, dass Sie noch etwas anderes sind, als Sie offenbar darstellen. Dabei spielt es keine Rolle, wenn diese andere Seite negativ ist – wie die Kleidung und die Posen des Oscar Wilde. So bekannte sich selbst der fast heilige Mahatma Gandhi zu seinen Wut- und Rachegefühlen.

Sie erregen Aufmerksamkeit, wenn Sie Ihren Namen mit einem Merkmal verknüpfen, das Sie von anderen unterscheidet. Das kann eine charakteristische Kleidung sein. Bei einem Kollegen von mir war es die Fliege, der Sänger Udo Lindenberg trägt zum Beispiel immer einen Hut.

ABWEHRSTRATEGIEN:

Lassen Sie sich nicht durch Show-Effekte blenden. Prüfen Sie kritisch den Substanzgehalt.

TIPP:

Ziehen Sie die Aufmerksamkeit auf sich wie ein Magnet Eisenspäne. Haben Sie Mut, sich von anderen zu unterscheiden. Das Besondere darf durchaus zum Widerspruch reizen. Wenn Sie nicht nur einige Male, sondern auf Dauer Aufmerksamkeit erregen wollen, haben Sie das zu beachten. Selbst viel Fachwissen und Bildung langweilen auf Dauer. Für langfristige Wirkung sind widersprüchliche Signale erforderlich.

Bedürfnisse befriedigen

Ein Bedürfnis ist Ihr Wunsch nach etwas, mit dem Bestreben, das zu erlangen. So hat jeder Mensch eine Vielzahl von Bedürfnissen. Ist ein Bedürfnis befriedigt, kommt das nächste und will befriedigt werden.

Wilhelm Busch schrieb dazu: „Ein jeder Wunsch, wenn er erfüllt, kriegt augenblicklich Junge."

Abraham Maslow ist der Meinung, dass höhere Bedürfnisse sich erst melden, wenn die Grundbedürfnisse befriedigt sind. Das ist zwar häufig, doch nicht immer der Fall.

Bedürfnispyramide nach Maslow

Die Werbung stachelt das Streben nach Geltung und Prestige mithilfe von Statussymbolen an. Das kann zum Beispiel durch eine teure Uhr und ein kostspieliges Auto befriedigt werden. Dank dem Besitz dieser Statussymbole soll der Betreffende aus der Masse herausragen. Für die praktische Beeinflussungsarbeit ist die von Heinz Goldmann zusammengestellte Motivübersicht geeignet. Diese ist nachfolgend verkürzt dargestellt.

Ansprechbare Primärmotive

Geltung
Prestige, Anerkennung, Wertschätzung, Neid, Macht, Überlegenheit, Respekt, Status, Eitelkeit

Sicherheit
Vertrauen, Hilfe, Nachweis, Zuverlässigkeit, Vertrag, Stabilität

Neugier
Entdeckung, Spiel, Experiment, Geheimnis, Erfahrung

Kontakt (Anlehnung)
Zugehörigkeit, Gruppe, Freundlichkeit, Beliebtheit, Sympathie

Erwerbsstreben
Geld, Ertrag, Gewinn, Reichtum, Nutzen, Kapital, Sparen

Liebe
Erotik, Sex, Zuneigung, Zärtlichkeit, Flirt

Bequemlichkeit
Ruhe, Erholung, Entspannung, Bewegung, Spiel, Sport

Gesundheit
Langes Leben, Entspannung, Erholung, Wohlbefinden

Um die Wünsche eines Menschen genauer zu erfahren, haben Sie ihn zu fragen. Mit dieser sehr individuellen und genauen Ermittlung beschäftigen wir uns später in Kapitel 6. Das Wissen um die Motive hilft Ihnen sehr, um erfolgreich zu beeinflussen. Wie ist nun bei der Beeinflussung vorzugehen?

Beispiel:
Nehmen wir an, jemand möchte von anderen bewundert werden. Diese Person mag auch Uhren. In diesem Fall hat der Beeinflusser zu betonen, was für ein technisches Kunstwerk die teure Uhr sei und wie wenige Exemplare es davon gäbe. Als Eigentümer heben Sie sich damit von der Masse ab. Alle, die Ihre Uhr an Ihrem Arm sehen, werden Sie bewundern. Außerdem steigen solche Uhren im Wert. Wenn Ihr Enkel einst diese Uhr erben sollte, wird er stolz auf Sie sein.

TIPP:

Stellen Sie das, wozu Sie Ihr Gegenüber beeinflussen wollen, als Befriedigung seines Bedürfnisses dar. Machen Sie ihm verbal deutlich, wie viel Freude er erlebt, wenn er sich dafür entscheidet – und erwähnen Sie, welche Freude ihm entgeht, wenn er sich diese Chance entgehen lässt.

ABWEHRSTRATEGIEN:

Analysieren Sie die Bedürfnisse, die von der Werbung angesprochen werden. Prüfen Sie, ob das Produkt tatsächlich das Bedürfnis befriedigen kann. Kennen Sie Ihre eigenen Bedürfnisse? Wenn nicht, finden Sie sie heraus. Achten Sie darauf, unter welchen Umständen Sie leicht manipulierbar sind. Das hilft Ihnen, sich besser zu steuern und sich Fremdeinflüssen zu entziehen. Erkennen Sie, welche Bedürfnisse echt sind und welche nicht. Selbstwahrnehmung hilft Ihnen zu erkennen, wie leicht Sie beeinflussbar sind.

Kaufen auch Sie manchmal Dinge, die Sie vorher nicht beabsichtigt haben? Wer sein Geld für suggerierte Bedürfnisse ausgibt, hat oft kein Geld mehr für die Befriedigung echter eigener Bedürfnisse.

Finden Sie heraus, was für Sie im Leben wichtig ist. Was wollen Sie? Schreiben Sie eine eigene Wunschliste. Überarbeiten Sie diese mehrfach, dann fallen Ihnen oft Wünsche ein, die Sie bislang unterdrückten. Schreiben Sie nach jeder Überarbeitung die Liste neu. Schützen Sie sich vor impulsivem Kaufverhalten mit einer Einkaufsliste. Trainieren Sie sich, nur das zu kaufen, was auf der Liste steht.

Reziprozitätstechnik

Der Duden definiert den Begriff „Reziprozität" mit der Erläuterung „Wechselseitigkeit". Was ist damit genau gemeint? Das lateinische Sprichwort „Do ut des – Ich gebe, damit du mir gibst" bringt deutlich zum Ausdruck, was sich dahinter verbirgt.

Bei der Beeinflussung mit der Reziprozitätsregel geben Sie etwas, damit Sie von Ihrem Gegenüber auch etwas erhalten, das heißt Ihren Wunsch erfüllt bekommen. Sie erhöhen mit Ihrer Vorleistung die Chance, dass der andere das tut, was Sie wollen.

Bereits in der Erziehung wird dem Kind von den Eltern beigebracht:

„Bleibe niemandem etwas schuldig." Die meisten Menschen haben ein schlechtes Gewissen, wenn sie sich nicht an die Regel halten. Es gibt sogar eine Abneigung gegen solche Personen, die sich der Regel entziehen. Sie haben schnell einen schlechten Ruf und werden als „Schnorrer" bezeichnet, die gerne Gegenstand von Witzen sind.

Beispiel:

A: „Bitte unterstützen Sie mich. Ich bin krank, habe eine Bronchitis, ich möchte nach Ostende fahren."

B: „Müssen Sie als Schnorrer ausgerechnet einen der luxuriösesten Badeorte der Welt aufsuchen?"

A: „Für meine Gesundheit ist mir nichts zu teuer."

Sind Sie großzügig, haben Sie gute Aussichten, Entgegenkommen auszulösen.

Aber: Die Reziprozitätsregel gilt auch in einer anderen Richtung. Zeigen Sie Überheblichkeit und Aggressivität, führt das zu Ablehnung und Feindseligkeit.

Beispiel:

Als der berühmte Pianist Ignacy Jan Paderewski in Boston war, bot ihm ein Schuhputzer seine Dienste an. Der Pianist musterte den schmutzigen Burschen und sagte: „Nein, doch wenn du dir das Gesicht wäschst, gebe ich dir einen Viertel Dollar." „Schön", sagte der Bursche, rannte zu einem Brunnen und wusch sich. Als er zurückkam, überreichte ihm Paderewski das Geldstück. Doch der Schuhputzer gab es ihm sofort wieder zurück mit den Worten: „Hier, Mister, nehmen Sie's und lassen Sie sich dafür die Haare schneiden."

Der Automatismus der Reziprozität wirkt selbst dann, wenn wir nicht um die Gefälligkeit gebeten haben. Tut uns jemand etwas Gutes, schmeicheln sich selbst unsympathische Menschen bei uns ein. Wir fühlen uns verpflichtet, uns gegenüber dem anderen zu revanchieren. Der innere Automatismus zwingt die meisten Menschen zu dieser Reaktion.

Vielleicht bereitet es Ihnen Unbehagen, ins Ungewisse zu investieren. Obwohl die meisten Menschen nach der Reziprozitätsregel reagieren, gibt es auch Ausnahmen. Tatsache ist: Sie mögen zwar gelegentlich nicht zum Ziel gelangen, doch in der großen Zahl ist die Technik gewinnbringend.

TIPP:

Eine Variante der Reziprozitätstaktik ist folgende: Treten Sie an eine Person mit einer solchen Bitte heran, die sie mit hoher Wahrscheinlichkeit nicht erfüllen wird. Erfolgt dies dann auch tatsächlich nicht, nennen Sie Ihre eigentliche Bitte. Entscheidend ist, dass Sie davor Ihren Rückzug auf die zweite Bitte wie ein Zugeständnis darstellen. Ihre zweite Bitte kann für den Erfolg Ihres Vorgehens durchaus eine große Bitte sein. Dabei ist jedoch wichtig, dass die vorangegangene abgelehnte Bitte größer ist. Natürlich dürfen Sie es mit der Höhe nicht übertreiben.

Die Wirkungen von Trigger

Das Vorgehen nach der Reziprozitätsregel ist eine Beeinflussungstechnik, deren Wirksamkeit von Cialdini mit Experimenten nachgewiesen wurde. Die Anwendung der Reziprozitätsregel wirkt als Trigger – als auslösender Impuls –, dem sich das Gegenüber nicht entziehen kann. So bringen Sie Menschen dazu, das zu tun, was Sie wollen. Cialdini hat dies als sogenanntes Klick-Surr-Phänomen beschrieben. Darüber hinaus hat er weitere Beeinflussungstechniken untersucht, die automatisches Verhalten bei Menschen auslösen, unter anderem die:

- Commitment- und Konsistenztechnik
- Konformitätstechnik
- Autoritätstechnik
- Knappheitstechnik

Diese Techniken, die in den folgenden Abschnitten näher vorgestellt werden, sind schon seit Jahrtausenden bekannt und wurden von Meistern der Beeinflussung angewandt. Der Verdienst Cialdinis besteht darin, ihre Wirksamkeit in Experimenten nachgewiesen zu haben.

TIPP:

Beeinflussen Sie nach dem Reziprozitätsprinzip. Geben Sie Ihrer Zielperson etwas, damit sich diese bei Ihnen revanchiert, wenn Sie sie später um etwas bitten.

Die Technik der Neuverhandlung nach Zurückweisung erfordert es, die Zurückweisung wie ein Zugeständnis darzustellen, zum Beispiel: „Ich verstehe, dass dies für Sie nicht möglich ist, und nehme es zurück." Äußern Sie dann Ihre zweite Bitte. Dieser nun geäußerte Wunsch hat geringfügig bescheidener als die erste Bitte zu sein.

ABWEHRSTRATEGIEN:

Es ist nicht einfach, die Strategie des Reziprozitätsprinzips abzuwehren. Das Einfachste wäre, den ersten Gefallen einfach zurückzuweisen. Doch Sie wissen nicht, ob Ihr Gegenüber das Angebot uneigennützig gemacht hat. Die andere Möglichkeit besteht darin, das Angebot einfach anzunehmen. Kommen Sie jedoch dahinter, dass es ein Trick war, Sie zu manipulieren, revanchieren Sie sich nicht. Das könnte der Fall sein, wenn Sie Ihr Gegenüber mit dem kleinen Geschenk zu einem Kauf beeinflussen will.

Commitment- und Konsistenztechnik

Indem Sie ein Commitment (engl.: Verpflichtung) eingehen, sagen Sie etwas zu und legen sich fest. Das Bestreben, konsistent zu sein, heißt, an einem Vorgehen oder an einer Entscheidung festzuhalten. Hierbei wird folgender Automatismus ausgelöst: Sobald wir eine Entscheidung treffen oder eine Position beziehen, werden psychische Kräfte ausgelöst. Diese Energien drängen uns, uns konsistent mit der Festlegung zu verhalten. Sie veranlassen uns sogar zu Reaktionen, mit denen wir unsere frühere Entscheidung begründen. Das heißt, wir beeinflussen uns selbst, die richtige Entscheidung getroffen zu haben. Schon der Volksmund sagt: „Wer A sagt, muss auch B sagen." Und Leonardo da Vinci meint: „Sich zu widersetzen ist am Anfang immer leichter als später."

Gehen Sie nach dem Konsistenzprinzip vor, ist das eine sehr erfolgreiche Technik, andere zu beeinflussen. Wenn Sie jemanden dazu gebracht haben, ein Verhalten oder einen Standpunkt einzunehmen, haben Sie große Chancen, dass er dabei bleibt. Bringen Sie jemanden dazu, Ihnen einen kleinen Gefallen zu tun, können Sie ihn meist auch zu etwas beeinflussen, was mit dem ersten kleinen Gefallen wenig zu tun hat.

Beispiel:
Der Marktforscher Daniel J. Howard ließ die Einwohner einer amerikanischen Stadt telefonisch befragen, ob sie mit dem Besuch des Vertreters einer Hungerhilfsorganisation einverstanden wären, der Plätzchen verkaufen wollte. Den Erlös sollten die Betreiber einer Armenküche erhalten.

Die alleinige Frage nach dem Einverständnis führte zu einer Zusage von 18 Prozent. Stellte jedoch der Anrufer anfangs die Frage: „Wie geht es Ihnen heute?" und wartete die Antwort ab, bevor er seine Bitte äußerte, hatte das beachtliche Auswirkungen: Von den 120 angerufenen Personen beantworteten 105 die Frage mit „gut" oder „sehr gut". Jetzt stimmten 32 Prozent dem Besuch zu – fast doppelt so viele. Doch das Erstaunlichste war: 89 Prozent der zustimmenden Personen kauften auch Plätzchen ab.

Faszinierend an der Technik ist, dass Sie andere durch kleine Festlegungen – Commitments – zu weiteren und größeren Dingen beeinflussen können. Die Taktik wird im Verkauf als die „Fuß-in-der-Tür"-Taktik bezeichnet. Damit vermögen Sie Widerstände schrittweise abzubauen.

Das Konsistenzprinzip dient auch dazu, Mitmenschen in Verbindlichkeiten zu manövrieren.

Beispiel:

Müller weiß vom Kollegen Meyer, dass er sich schon viele Gedanken zur Umsatzsteigerung gemacht hat. Bei einer Sitzung sagt Meyer: „Ich fände es sehr gut, wenn wir uns über die Umsatzsteigerung Gedanken machen." Kollege Müller erkennt die Chance, Herrn Meyer die ganze Arbeit zuzuschieben und sagt laut vor der ganzen Gruppe: „Herr Meyer will uns auf der nächsten Sitzung seine Ideen zur Umsatzsteigerung vorstellen. Das ist ausgezeichnet!"

Wenn Herr Meyer nicht sofort richtig stellt, dass er nur wie jeder andere seine Ideen vorbringen will, bekundet er, der Sache zuzustimmen. Das heißt, stellt er die Aussage Müllers nicht sofort klar, kommt er kaum noch aus der „Verpflichtung" heraus.

Eine Variante der Konsistenztaktik sind schriftliche Festlegungen. Aus diesem Grund ist es in vielen Unternehmungen üblich, die Verkaufs- oder andere Leistungsziele schriftlich festzuhalten.

In der Gesprächsführung wird ebenfalls nach dem Konsistenzprinzip verfahren.

Hier einige Beispiele, wie beim rhetorischen Vorgehen auf Konsequenz geachtet wird:

Beispiele:

Einleitung des Preisgesprächs
Verkäufer: „Das Produkt gefällt Ihnen und es geht nur noch um den Preis?"
Kunde: „Ja."
Verkäufer: „Wenn wir uns hier und heute einigen, können Sie dann den Auftrag geben?"
Kunde: „Ja."

Interesse wecken
Verkäufer: „Ist Kostensenkung für Sie eine wichtige Sache?"
Kunde: „Natürlich."
Verkäufer: „Wenn wir mit unserem Vorschlag Ihre Kosten senken und so Ihren Gewinn steigern, kommen wir dann ins Geschäft?"

Überzeugungsgespräch zwischen Ehepartnern:
Frau: „Liebling, wäre es nicht viel vorteilhafter, einmal sehr gute Möbel zu kaufen, die lange halten, anstatt oft billige Möbel zu kaufen?"
Mann: „Ja."
Frau: „Wollen wir schon in diesem Monat qualitativ hochwertige Möbel kaufen oder erst im nächsten?"

Beispiel:
Der Wissenschaftler Thomas Moritary machte mit einem Kollegen folgenden Versuch: Moritary setzte sich an einen belebten Strand in der Nähe anderer Besucher auf sein Handtuch und stellte sein Kofferradio neben sich. Dann verließ er seinen Platz und entfernte sich. Daraufhin erschien ein Dieb – Moritary's Kollege –, nahm das Kofferradio und entfernte sich. Von 20 Personen wollten nur vier den Diebstahl verhindern.

Der veränderte Versuch am Strand brachte an einem anderen Tag ein überraschendes Ergebnis. Diesmal bat der Professor die anderen Gäste um Hilfe. Er sagte: „Ich bin nur wenige Minuten weg. Wären Sie bitte so nett und würden auf meine Sachen achten?" – Diesmal versuchten 19 von 20 Personen den Diebstahl zu verhindern.

Die low ball-Technik

Die low ball-Technik ist eine besondere Variante des Konsistenzprinzips: Sie bitten jemanden um etwas oder verabreden mit ihm ein Geschäft. Nach erfolgter Zusage erwähnen Sie später Nachteiliges, das Sie vorher nicht erwähnt haben.

Dazu führte Cialdini mit seinen Kollegen folgendes Experiment durch:

Beispiel:
Studenten wurden gebeten, an einem Experiment über Denkprozesse teilzunehmen. Ein Teil der Studenten wurde beim Anruf über die Anfangszeit des Experiments – 7 Uhr früh – informiert. Von diesen sagten nur 24 Prozent ihre Teilnahme zu.

Bei einem anderen Teil der Studenten wurde die low ball-Taktik angewandt. Dazu fragten die Experimentatoren zunächst, ob die Studenten an einer Studie über Denkprozesse teilnehmen wollten. Erst nachdem sie geantwortet hatten – 56 Prozent sagten zu –, erwähnten die Experimentatoren die Anfangszeit von 7 Uhr. Keiner der Studenten zog die anfangs gegebene Zusage zurück. 95 Prozent hielten ihre Zusage auch ein und erschienen um 7 Uhr.

Cialdini hat die low ball-Taktik in vielen anderen Versuchen bestätigt, unter anderem bei seinem Nachbarn Tim. Dieser versprach seiner Freundin, sich zu ändern, weshalb diese eine Eheschließung mit einem anderen Mann absagte. Tim änderte sich jedoch nicht. Wie reagierte seine Freundin? Sie erklärte, sie hatte Stärken bei Tim festgestellt, die sie vorher nicht erkannt hatte.

TIPP:

Trainieren Sie die Commitment- und Konsistenztechnik. Wie alle Beeinflussungstechniken können Sie auch diese zum Nutzen oder zum Nachteil Ihres Gegenübers anwenden.

ABWEHRSTRATEGIEN:

Hüten Sie sich jedoch davor, sich durch diese Technik ausnutzen zu lassen. Seien Sie achtsam auf sich und nehmen Sie Ihr „Bauchgefühl“ wahr. Spüren Sie es schon stark, ist in den meisten Fällen die Gefahr bereits groß. Erfolgreicher sind Sie, wenn Sie das erste aufkommende Gefühl bei sich spüren. Diese Botschaften kommen von Herzen. Eine solche Wahrnehmung erfordert Achtsamkeit. Hören Sie auf die Botschaft des Gefühls. Stellen Sie sich außerdem die Frage: Würde ich mich auf die Sache nochmals einlassen, wenn mir bekannt gewesen wäre, was ich jetzt weiß? Ist Ihre Antwort Nein, stoppen Sie Ihre Konsistenz und steigen aus.

Konformitätstechnik

Das Konformitätsprinzip – auch soziale Bestätigung oder Bewährtheit genannt – besagt, dass die meisten Menschen sich bei ihren Entscheidungen nach dem Handeln und Denken der Mehrheit richten. Untersuchungen haben gezeigt, dass etwa 80 bis 90 Prozent der Menschen Konformisten sind. Der bereits erwähnte Zirkusdirektor Barnum sagte dazu: „Nichts zieht eine Menge so sehr an, wie eine Menge.“ Deshalb sind viele Menschen mit der Konformitätstechnik zu beeinflussen.

Beispiel:
Frau Müller sagt zu ihrem Mann: „Meyer ist mit Frau und Kindern zum Urlaub an die Nordsee gefahren. Im Fernsehen wird für die Nordsee Reklame gemacht. Viele Menschen verbringen dort ihre Ferien. Wir sollten auch dorthin verreisen.“

Lebt Herr Meyer mit seiner Familie in ähnlichen Verhältnissen wie Familie Müller, wird die Wirkung des Konformitätsprinzips noch durch die schon erwähnte Ähnlichkeit verstärkt.

Beeinflussen nach dem Konformitätsprinzip ist das häufigste Vorgehen, um zu überzeugen und zu manipulieren. Den meisten Menschen ist nicht bewusst, wenn sie danach handeln. Das Herdenverhalten anderer orientiert sich an dem falschen Schluss: Was viele tun, ist richtig. Doch viele Menschen können sich auch irren!

Wer mit Statistiken beeinflusst, geht ebenfalls nach dem Konformitätsprinzip vor, zum Beispiel durch das Anwenden von Referenzen. Auch die große Wirkung des Gruppendrucks auf die Entscheidung des Einzelnen basiert auf dem Konformitätsprinzip.

TIPP:

Das Konformitätsprinzip ist ein erfolgreiches Vorgehen zur Beeinflussung. Nutzen Sie zudem die Wirkungen von Referenzen und Statistiken.

ABWEHRSTRATEGIEN:

In unsicheren Situationen folgt die Mehrheit der Menschen der Masse. Es gibt aber viele Situationen, bei denen die Mehrheit der Menschen sich geirrt hat. Deshalb ist es notwendig, eigene Entscheidungen zu treffen. Zwei Dinge gilt es dabei zu beachten. Sie haben sowohl die Richtigkeit als auch die Vollständigkeit der Informationen zu überprüfen. Es reicht schon aus, wenn Sie berechtigte Zweifel an der Richtigkeit der Informationen haben. Seien Sie kritisch und hinterfragen Sie alles. Als nächsten Schritt denken Sie über das Für und Wider der möglichen Entscheidung nach.

Zugegeben, das Vorgehen ist etwas aufwendig. Der große Vorteil für Sie liegt darin, weniger Fehler zu begehen. Entwickeln Sie also Ihr kritisches Denkvermögen.

Autoritätstechnik

Eine echte Autorität hat nachgewiesen fachliche und soziale Kompetenz. In der Gesellschaft gibt es einen starken Druck, sich der Ansicht der Autoritäten zu beugen. Da echte Autoritäten über viel Wissen und Erfahrung verfügen, ist es sinnvoll, sich an ihnen zu orientieren, sofern sie vertrauenswürdig sind. Wer den Status einer Autorität hat (z. B. Ärzte, Rechtsanwälte), kann die meisten Menschen besonders leicht beeinflussen.

Wenn Sie bereit sind, sich selbst Wissen in der Fachliteratur oder im Internet anzueignen und auch kritisch zu denken, vermögen Sie es, durch Ihre eigenen Recherchen Autoritätenstatus zu gewinnen. Mit den erhaltenen Informationen sind Sie in der Lage, beim Gegenüber für Ihr Ziel zu argumentieren.

Beispiel:
Karl Müller versuchte, eine beruflich bedingte Reise in seiner Steuererklärung abzusetzen, was das Finanzamt jedoch ablehnte. Daher recherchierte Karl Müller im Internet die neuesten Urteile der Finanzgerichte. Er hatte Glück und fand ein Urteil des Bundesfinanzhofs, das er nutzen konnte. Müller informierte sich über alle Einzelheiten sowie die Urteilsbegründung der Richter. Er baute seinen Einspruch und seine Beweisführung auf das Urteil auf. Dem Finanzamt blieb nichts anderes übrig, sich dem höchstrichterlichen Urteil zu beugen. So hatte der Einspruch von Karl Müller Erfolg. Er benötigte noch nicht einmal die Hilfe eines Steuerberaters. Das Urteil des Bundesfinanzhofs – der höchstrichterlichen Instanz –, von Müller auf seine Situation angewendet, bildete die „Autorität", mit der er beeinflussen konnte.

Möchten Sie mit Autoritäten beeinflussen, geben Sie die genauen Quellen an, wo Sie diese gefunden haben. Nennen Sie natürlich auch den Namen der Autorität.

TIPP:

Argumentiert Ihr Gegenüber mit Autoritäten, stellen Sie Fragen, zum Beispiel:
- Wie heißt der Experte?
- Was ist sein Fachgebiet?
- Welche Leistungen hat die „Autorität" erbracht, um als Experte zu gelten?
- Was hat der Experte genau gesagt?
- In welcher Zeitschrift hat der Experte seine Meinung wann veröffentlicht? Was ist der genaue Wortlaut? – Lassen Sie sich den Text zeigen.
- Auf welche Situation beziehen sich die Aussagen des Experten?
- Warum ist der Fall in der Veröffentlichung identisch mit dem angesprochenen Fall?

ABWEHRSTRATEGIEN:

Auf die Meinung von Autoritäten zu hören kann durchaus sinnvoll sein. Niemand vermag es, alles zu wissen. Es gibt jedoch drei Situationen, in denen dies zu falschen Entscheidungen führt.

1. Die Autorität vertritt eine fehlerhafte Ansicht. In diesem Fall hat der Experte selbst nicht genug Wissen. Oft werden heute sogar Schauspieler oder Sportler zu Gebieten befragt, zu denen sie kein Wissen haben. Ihre Popularität gibt ihnen „Expertenstatus", was ein großer Irrtum ist.
2. Der Experte hat an der Frage persönliches Interesse. So haben zum Beispiel Unternehmen Wissenschaftler für Untersuchungen bezahlt. Die „Ergebnisse" dienten zwar den wirtschaftlichen Interessen der Unternehmen, die frisierten Forschungen spielen jedoch dem Kunden falsche Tatsachen vor.
3. Die Autorität äußert sich zu Themen, die nicht zu ihrem Gebiet gehören.

In diesen drei Fällen ist die Autorität selbst das Problem.

Knappheitsprinzip

Das Knappheitsprinzip ist eine wirksame Vorgehensweise, Menschen zu beeinflussen. Was knapp oder selten ist, weckt Begehren. Je schwerer eine Sache zu erreichen oder zu erhalten ist, desto attraktiver erscheint sie. Enthält zum Beispiel eine Briefmarken-Kollektion einen Fehldruck, ist sie umso wertvoller, je weniger es davon gibt. Was knappe Güter oft interessant macht, ist nicht die Absicht der Menschen, sie zu nutzen, sondern sie zu besitzen.

Dieses Prinzip ist auch deshalb besonders wirksam, weil Sie bei knappen Ressourcen mit Mitmenschen in Wettbewerb treten müssen, um diese Dinge zu erwerben. Deshalb werden zum Beispiel bei Auktionen besonders hohe Preise erzielt: Zwei Interessenten, die sich wechselseitig mit immer höheren Angeboten überbieten, geraten in einen solchen Erregungszustand, der klares Denken verhindert. Hier zeigt sich ebenfalls wieder die starke Wirkung des inneren Automatismus.

TIPP:

Beeinflussen Sie mit dem Knappheitsprinzip. Stellen Sie dar, wie selten die angebotene Möglichkeit oder die betreffende Sache ist. Bringen Sie weitere Interessenten ins Spiel und erhöhen so die Wirkung Ihrer Beeinflussung.

ABWEHRSTRATEGIEN:

Achten Sie auf Ihre Gefühle: Ein erhöhtes Erregungsniveau ist ein klares Alarmsignal. Überlegen Sie, was Sie an der Möglichkeit oder der Sache reizt. Ist es die Absicht, es zu nutzen oder es zu besitzen? Wollen Sie zum Beispiel das Objekt nutzen, wird der Gebrauchswert für Sie durch Knappheit wieder größer. Geraten Sie durch den Wettbewerb mit anderen um die seltene Möglichkeit oder das knappe Produkt unter emotionalen Druck, steigert sich nur Ihr Verlangen nach dem Besitz. Der Wert der Sache, um die Sie mit anderen rivalisieren, steigert sich nicht.

Überlegen Sie deshalb genau, worum es Ihnen geht. Wollen Sie die Sache besitzen, setzen Sie vorher die Höhe Ihres Angebots fest. Wollen Sie die Sache oder das Objekt nutzen, halten Sie sich an den Gebrauchswert, denn dieser hat mit der Knappheit nichts zu tun. Mit diesem Vorgehen schützen Sie sich davor, Opfer eines Automatismus zu werden.

Gefärbte Wahlmöglichkeiten

Henry Kissinger, Sicherheitsberater und Außenminister unter Präsident Richard Nixon, war der Meinung, er könne selbst bessere Entscheidungen treffen als der Präsident. Doch war ihm dies in seinem Amt nicht erlaubt. Seine Aufgabe bestand darin, dem

Präsidenten Vorschläge für dessen Entscheidungsfindung vorzulegen. Was tat nun Kissinger, um den Präsidenten zu den Entscheidungen zu bringen, die er persönlich favorisierte? Er legte Nixon stets drei oder vier Wahlmöglichkeiten vor. Doch diese Wahlmöglichkeiten „färbte“ er so, dass Kissingers eigene Position Nixon als die beste erschien.

Die Methode des Färbens ist eine beliebte Technik, das eigene Anliegen vorzubringen. Dabei werden beide Seiten – das Pro und das Contra – der Thematik genannt. Der Vorteil dieses Vorgehens besteht darin, dass mehr Glaubwürdigkeit erreicht wird, als wenn nur positive Aspekte eines Anliegens hervorgehoben werden.

TIPP:

Häufig werden Sie leichter beeinflussen, wenn Sie Ihrem Gegenüber Alternativen vorschlagen. Wenden Sie dann auch noch die Pro- und Contra-Bewertung an, erhöht das Ihre Glaubwürdigkeit.

ABWEHRSTRATEGIEN:

Zweifeln Sie daran, dass die Ihnen vorgelegten Alternativen tatsächlich alle Möglichkeiten darstellen. Oft ist die für Sie beste Alternative nicht unter den Ihnen angepriesenen. Lassen Sie sich weitere Alternativen nennen und denken Sie vor allem selbst nach. Hinterfragen Sie auch, ob alle entscheidenden Kriterien für die Auswahl der Alternativen angesetzt wurden.

WICHTIG: Tom Poppe bringt in seinem Buch „Schlüssel zum Schloss“ eine Weisheit der islamischen Mystiker (Sufis) zur Freiheit: „Ich habe mich mein ganzes Leben bemüht, die Alternativen im Auge zu behalten“, sagte das Schaf, „ich kann kauen und ich kann beißen.“ – und ich ergänze: Ihre Freiheit ist größer, als Sie denken.

Ankerpunkte setzen

Anker zu setzen ist eine einfache Technik, um Menschen zu beeinflussen. Nehmen wir einmal an, Sie möchten sich einen neuen Laptop zulegen. Sie haben sich schon für ein bestimmtes Modell entschieden. Nun berichtet Ihnen ein Freund, er habe sich vor einer Woche einen solchen Laptop für 550 Euro gekauft. Daraufhin sehen Sie in einem Geschäft diesen Laptop für 490 Euro. Dieses Angebot erscheint Ihnen günstig, denn die Preisangabe Ihres Freundes setzte bei Ihnen bereits einen „Ankerpunkt“ von 550 Euro. Dieser Anker fixiert Ihr Denken, wie der Anker ein Schiff. Deshalb erscheint Ihnen jeder Preis unterhalb von 550 Euro als günstig.

Aber: Der Anker wirkt auch in der anderen Richtung. Hätte Ihnen der Freund gesagt, ein Preis von 460 Euro wäre günstig, würden Sie anders reagieren, denn der Preis von 490 Euro wäre für Sie dann nicht mehr attraktiv.

Beispiel:
Dieses Phänomen wurde bereits von den Nobelpreisträgern für Wirtschaftswissenschaften Daniel Kahneman und Amos Tversky beschrieben. Beide ließen in ihren Versuchen Personen schätzen, wie hoch der Prozentsatz der afrikanischen UN-Mitgliedstaaten ist. Sie warfen einen Anker durch ihre Frage, ob es weniger als 70 Prozent seien. Durch das Setzen dieses Ankers tippten die Teilnehmer auf 45 Prozent. Stellten die Forscher die Frage, ob es mehr oder weniger als 10 Prozent seien, war die Antwort anders, denn die Versuchsteilnehmer schätzten 25 Prozent.

Menschen gehen immer in die Falle, die durch den Ankerpunkt gestellt wird. Mit Anker vermögen Sie – auch im täglichen Leben – leicht zu beeinflussen.

Beispiel:
Die Würzburger Psychologen Thomas Mussweiler und Fritz Strack beauftragten einen Studenten, sein altes Auto einem Gebrauchtwagenhändler zum Kauf anzubieten. Der Student warf seinen Anker zuerst, indem er fragte, ob sein Wagen mehr oder weniger als 2.500 Euro wert sei. Bei diesem Anker waren die Bewertungen der Profis höher als bei einem Anker von 1.000 Euro.

Große Auswirkungen hat der Ankerpunkt in der Rechtsprechung. Er spielt dort eine große Rolle bei der Ansetzung des Strafmaßes.

Beispiel:
Die Würzburger Psychologin Birte Englich wies mit ihren Kollegen den Einfluss des Ankerpunktes auf die Urteilsbildung der Richter nach. Das Psychologenteam legte 19 Richtern eines Landgerichts einen zwar erfundenen, aber realistischen Fall zur Entscheidung vor. Hatte der Staatsanwalt zum Beispiel 34 Monate Haft gefordert, verhängten die Richter im Schnitt 28 Monate, hatte der Staatsanwalt nur zwei Monate verlangt, verhängten die Richter nur 19 Monate. Damit war bewiesen, dass sich die Richter an den Ankern der Staatsanwälte orientierten.

Weitere Versuche zeigten, dass sich neben den Richtern auch die Verteidiger nach den Ankern richteten.

TIPP:

Wenden Sie die Ankertechnik an. Dies ist ein sehr wirksames Vorgehen, Mitmenschen in Ihrem Sinne zu beeinflussen.

ABWEHRSTRATEGIEN:

Sie vermeiden die Gefahr, zum Opfer der Ankertechnik zu werden, wenn Sie objektive Kriterien für die Bewertung beachten. Diese Kriterien können zum Beispiel sein:

- Marktwert
- Vergleichsfälle
- Kriterien von Sachverständigen
- Gutachten

Die objektiven Kriterien sollten unabhängig vom beiderseitigen Willen sein.

Ein Immobilienmakler will Ihnen zum Beispiel ein Haus verkaufen und schlägt dafür seinen Standardvertrag vor. Lassen Sie sich von dem Makler den Vertrag zeigen, auf Basis dessen die Firma selbst ein Haus kauft. Ein Bekannter von mir hatte einst einen Vertrag abgelehnt, der ihm von seinem Architekten vorgelegt wurde. Er ließ sich von einer Bank den Vertrag geben, dem ein Architekt beim Bau für die Bank nachzukommen hatte. Zwischen beiden Verträgen bestand – wie anzunehmen war – ein großer Unterschied.

Stereotype Wiederholung

Das Prinzip der Wiederholung hat in der Beeinflussung eine große Bedeutung. Viele Menschen fallen ihr immer wieder zum Opfer. Denken Sie nur daran, welche Rolle diese Technik in Zeitungsinseraten, Fernsehen und Rundfunk spielt. Nachdem die Botschaft viele Male wiederholt wurde, ist sie schließlich im Unterbewusstsein der Menschen gelandet. Sie glauben den Versprechungen und kaufen das Produkt.

Doch nicht nur in der Werbung, sondern auch zwischen Menschen wird die Beeinflussung durch Wiederholung eingesetzt.

Beispiel:
Einst zeigte eine Dame großes Interesse an einem meiner guten Freunde. Er traf sich zwar mit ihr, doch war er von ihr lange nicht so begeistert wie sie von ihm. „Sie ist nicht mein Typ", sagte er mir vor 25 Jahren. Dennoch schaffte sie es, durch Wiederholung die Botschaft in seinem Gehirn zu verankern, dass sie die richtige Partnerin für ihn sei, und sie heirateten nur wenige Monate später.

Viele Menschen haben große Zweifel an sich selbst. Häufige Botschaften wie „Das schaffst du nicht" oder „Du bist nicht gut" haben zu Defiziten im Gehirn geführt und werden sogar von den Opfern für richtig gehalten. Das Ergebnis sitzt oft sehr tief. Wenn ich die Menschen darüber aufkläre, wie sie die Speicherung durch Selbstbejahung wieder löschen können, halten sie das für nicht möglich – eben weil sie angeblich doch so „negativ" beziehungsweise „unfähig" seien.

TIPP:

Wollen Sie jemanden durch Wiederholung beeinflussen, vermeiden Sie negative Formulierungen.

Nehmen wir einmal an, Sie wollen nicht nach Spanien wie Ihr Partner, sondern nach Schweden in Urlaub fahren. In diesem Fall wäre die Formulierung: „Ich will nicht nach Spanien fahren" vollkommen falsch. Das Unterbewusstsein des Partners ist nicht in der Lage, das „nicht" wahrzunehmen. Ihre Formulierung muss daher lauten: „Ich will nach Schweden fahren." So verankern Sie Ihre Botschaft im Unterbewusstsein des Partners.

ABWEHRSTRATEGIEN:

Ihr Unterbewusstsein reagiert auf alle Beeinflussungen positiver oder negativer Art. Wenn Sie die auf Sie wirkenden Einflüsse bewusst wahrnehmen, wird weniger in Ihr Unterbewusstsein gelangen. Deshalb ist ein Achtsamkeitstraining so notwendig. Da es aber sehr schwer ist, den ganzen Tag achtsam zu sein, haben Sie sich negativer Beeinflussung zu entziehen. Das erreichen Sie, indem Sie weniger fernsehen und weniger nach Ablenkungen suchen. Naturerlebnisse sind Zeiten der Stille und bereits wenige Minuten helfen, Ihren Kopf freizumachen.

Kontrasttechnik

Auf die Beurteilung von Dingen hat Einfluss, in welchem Zusammenhang sie wahrgenommen werden. So wirkt ein Mann neben einer sehr hübschen Frau attraktiver, als wenn er nur allein wahrgenommen würde. Behauptet ein Spendensammler, dass der Nachbar 100 Euro gegeben habe, ist die Wahrscheinlichkeit, als Spende 50 Euro zu erhalten, groß. Die Spende würde wahrscheinlich nicht so hoch ausfallen, wenn der Nachbar nur 10 Euro gegeben hätte.

Kontrast heißt Gegensatz. Die Kontrasttechnik wirkt durch Gegenüberstellung. Damit beeinflussen Sie den Prozess der Wahrnehmung und die Beurteilung.

Beispiele:
„Ich habe neue Kunden gewonnen."
Besser: „Während wir im letzten Jahr Kunden verloren haben, habe ich in diesem Jahr bereits zehn Kunden gewonnen."
„Wir haben in diesem Jahr mit einem Verlust abgeschlossen."
Besser: „Mit unserem Verlust stehen wir im Branchendurchschnitt im Mittelfeld."

Nutzen Sie die Wirkung von Kontrasten auch auf andere Weise. Bringen Sie einen guten Vorschlag, sobald der Vorstand anwesend ist und andere Kollegen keine Vorschläge machen. Das ist besser, als Ihren Vorschlag bei einer Konferenz zu bringen, bei der viele Vorschläge gebracht werden.

TIPP:

Der Erfolg der Kontrasttechnik ist bei häufiger Anwendung beachtlich. Sprechen Sie in Vergleichen, um sich besser darzustellen. Der Kontrast bringt das, was Sie darstellen, noch besser zur Geltung.

Beispiel:
Im Präsidentenwahlkampf 1988 wendete sich Jesse Jackson mit einer Kontrast- und Metaphernsprache gegen das Rassenwahrnehmungsmuster seiner weißen Zuhörer. Er ersetzte dieses Muster durch ein sozialökonomisches. So sagte er in einer Rede vor weißen und schwarzen Zuhörern: „Es geht nicht so sehr um das Thema Schwarz gegen Weiß, sondern darum, dass die Barrakudas ständig die kleinen Fische fressen. Sie sortieren die kleinen Fische nicht nach Farbe. Es geht ihnen nur nach Größe." Mit solchen Sätzen gewann Jackson viel Aufmerksamkeit.

Die Kontrastmethode wird in Gesprächen oft angewandt. Im folgenden Beispiel geht es um ein Gespräch zwischen Karl und seinem Vorgesetzten Peter. Darin äußert Karl den Wunsch, mehr Selbstständigkeit und Entscheidungsbefugnis zu erhalten.

Beispiel:
Karl: „Ich möchte selbst mehr entscheiden, ohne Sie bei jeder Sache fragen zu müssen. Ich verliere so immer Zeit, um mich auf das Gespräch vorzubereiten. Auch erreiche ich Sie nicht sofort. Ich habe immer das Gefühl, ich sitze in der Schule, muss mich melden und den Lehrer fragen, ob das so richtig ist, was ich tun will. Dabei muss ich es ja so machen, wie ich es will, um meine Arbeit zu tun. Was ich anspreche, ist also eine andere Art der Zusammenarbeit. Es geht mir um zwei unterschiedliche Vorgehensweisen: Zu fragen ‚Ist das so in Ordnung?' gegenüber ‚Das möchte ich so machen, weil das so notwendig ist.'"
Peter: „Das haben Sie sehr gut gesagt. Ich möchte, dass Sie zu mir sagen: ‚Ich meine, ich muss das so machen, um meine Ziele zu erreichen.' Ich will aber auch, dass ich Ihnen helfen kann, das zu erreichen, was zum Erreichen des Zieles notwendig ist. Ich werde darüber nachdenken, wie wir dabei vorgehen werden."

Sowohl Karl als auch Peter arbeiten sehr wirkungsvoll mit Kontrast. Beide haben ihre Wünsche geäußert.

Bei der Kontrastmethode ist darauf zu achten, dass der Kontrast richtig ausgewählt ist, sonst wird das Gespräch in eine unvorteilhafte Richtung gelenkt.

ABWEHRSTRATEGIEN:

Ziehen Sie den Kontrast infrage: „Was hat das eine – Ihre Aussage – mit dem anderen – dem Kontrast – zu tun?" Diese Frage macht die Absicht der Kontrasttechnik bewusst, die Technik verliert ihre Wirksamkeit.

Bildertechnik

Mit Worten zu beeinflussen ist immer ein Risiko, denn Worte können missverstanden werden. Worte, mit denen andere uns beeinflussen wollen, bringen uns dazu, nachzudenken und manchmal „verstehen" wir sogar das Gegenteil. Oftmals lösen Worte Assoziationen aus, die der Sprecher nicht beabsichtigt hatte.

Das Visuelle, Bilder benötigen keine Worte. Warum ist das so? Trotz der großen Bedeutung der Sprache für die menschliche Kommunikation macht der Sehsinn etwa Dreiviertel der Gesamtwahrnehmung aus. Was wir sehen, halten wir für wahr, ohne es zu prüfen. Der Jesuitenpriester Balthasar Gracián sagte: „Die Wahrheit wird meistens gesehen, nur ausnahmsweise gehört."

Wie bei der Musik überspringen Bilder das rationale Denken. Bilder erreichen die sie interpretierenden Gefühls- und Denkmuster im Gehirn, ohne decodiert werden zu müssen. Sobald Erlebtes aus der Vergangenheit aktiviert werden soll, sind Bilder der Sprache überlegen.

WICHTIG: Worte können Sie in die Defensive bringen und sie lösen Argumente und Auseinandersetzungen aus. Mit Bildern kommunizieren Sie direkt. Sogar mit Attrappen oder mit Skizzen erreichen Sie oft das Ziel. Symbole haben dieselbe Kraft, seien sie nun rein visuell oder Beschreibungen der Symbole.

Beispiel:
Der römische Kaiser Konstantin der Große verehrte die Sonne über viele Jahre als Gott. Eines Tages schaute er zur Sonne hoch und meinte, ein Kreuz darin zu sehen. Das Bild des Kreuzes in der Sonne überzeugte ihn von der Überlegenheit des Christentums gegenüber dem Sonnenkult. Er trat zum Christentum über und erklärte es zur Staatsreligion. Alle bisherigen Bekehrungsversuche waren gescheitert – bis zu diesem Erlebnis.

Nachfolgend noch einige Beispiele, die die Beeinflussung mit Bildern veranschaulichen.

Beispiele:

- Ein Automobilunternehmen wirbt für sein neues Cabriolet mit Bildern junger Leute auf einer Urlaubsreise.
- Ein Architekt beeinflusst Interessenten für sich, indem er Bilder der von ihm entworfenen und gebauten Häuser zeigt.
- Eine Ehefrau überzeugt ihren Ehemann von einem Urlaubsort mit Bildern in einem Reiseprospekt.

Von der Wirksamkeit von Bildern hat mich persönlich auch folgendes Erlebnis überzeugt:

Beispiel:
Vor etwa 30 Jahren setzte ich mir ein Ziel, das ich realisieren wollte. Leider reichten meine finanziellen Mittel dafür überhaupt nicht aus. Außerdem gab es keine Möglichkeiten, an das Ziel meiner Wünsche zu kommen. Dennoch kaufte ich mir ein großes Foto meines Zielobjekts und klebte es mit Tesafilm an die Tapete meines Arbeitszimmers. Aus den erwähnten Gründen gab ich das Ziel nach einiger Zeit auf. Das Bild an der Tapete ließ ich jedoch weiterhin an seinem Platz, denn bei Entfernung hätte ich die Tapete zerstört. Ohne von mir beabsichtigt, hatte das Bild weiter die Möglichkeit, auf mein Unterbewusstsein zu wirken – und nach drei Jahren hatte ich bereits einen Teil meines Wunsches realisiert.

Nutzen auch Sie die große Kraft der Bilder für die Selbstbeeinflussung. Manche Menschen sehen in der Selbstbeeinflussung irrtümlich etwas Negatives. Der Gehirnforscher Gerald Hüther schreibt in seinem Buch „Bedienungsanleitung für ein menschliches Gehirn“: „Wenn Sie die Entwicklung Ihres Gehirns sich selbst überlassen, ist die Entwicklung nicht optimal.“ Ein wichtiger Grund liegt darin, dass die Einflüsse und Beeinflussungen der Außenwelt bestimmend werden.

Kommen wir auf die Kraft der Symbole zurück. Ein Symbol hat nicht nur eine Bedeutung, sondern eine größere Anzahl von Inhalten. Das Symbol Ludwig XIV. war die Sonne. Nicht ohne Grund kennt man ihn noch heute als den „Sonnenkönig“. Die Sonne lässt sich auf vielen Ebenen interpretieren, wie positive Stimmung, Heiterkeit, Freude, schöpferische Energien oder göttliches Bewusstsein. Die Assoziationen, die das Symbol auslösen, benötigen keine Erklärung. Das Symbol Ludwigs XIV. sprach seine Untergebenen unmittelbar an und vermittelte mehr, als Worte vermögen.

Mit welchem Symbol wollen Sie sich identifizieren? Damit meine ich nicht die sogenannten Statussymbole wie ein Auto oder eine teure Markenuhr. Wenn Sie sich mit dem Symbol identifizieren, gewinnen Sie Kraft und Ausstrahlung, um besser zu beeinflussen.

Farben gehören ebenfalls zu den Symbolen. Rot ist die Farbe der Tatkraft und des Willens. Wenn eine Frau rote Kleidung trägt, beeinflusst dies die Gefühle ganz anders als schwarz. Farben spielen daher für den Beeinflussungsprozess eine wichtige Rolle.

Als Mensch haben Sie die Gabe, bildhafte Vorstellungen in Ihrem Bewusstsein aufzubauen. Diese Fähigkeit wird als Imagination bezeichnet. Diese dem Menschen angeborene Fähigkeit zur bildhaften Vorstellung ist in uns allen vorhanden – bei dem einen ist sie ausgeprägter als beim anderen. Diese Fähigkeit zur bildhaften Vorstellung können Sie durch Übung trainieren, zum Beispiel an Bildvorlagen oder der Realität. Oder Sie stellen sich das Symbol kraft Ihrer Fähigkeit zu imaginieren ohne Vorlage vor.

TIPP:

Angenommen, Sie haben sich für das Symbol der Sonne entschieden. Nehmen Sie das Bild eines Sonnenaufgangs zur Hand. Betrachten Sie das Bild. Schließen Sie dann die Augen und versuchen Sie sich die Sonne vorzustellen. Einige Menschen haben damit zu Anfang Schwierigkeiten. Regelmäßiges Training führt jedoch zum Erfolg.

Manchen Menschen gelingt es wesentlich leichter, sich einen kompletten Sonnenaufgang ohne Vorlage vorzustellen. Der folgende Text ist eine Unterstützung, die Ihnen dabei hilft:

Übung: Sonnenaufgang am Meer

Stellen Sie sich vor, Sie stehen frühmorgens am Strand. Der Himmel ist noch dunkel. Das Meer rauscht. Der Himmel färbt sich rot, dann orange. Nun schiebt sich die Sonne wie eine Scheibe aus dem Wasser. Die Strahlen der Sonne bilden eine Brücke des Lichts zu Ihnen. Es wird immer heller um Sie. Sie fühlen ein angenehmes Gefühl auf Ihrer Haut. Sie fühlen sich wohl.

Nun stellen Sie sich vor, wie in Ihrem Herzen die Sonne aufgeht. Sie sehen die gelbe Scheibe immer klarer. Sie spüren in Ihrem Inneren die wohlige Wärme, die von ihr ausgeht. Ihr ganzer Körper wird davon erfüllt.

Die innere Sonne ist der göttliche Kern in Ihnen, der Ihnen große innere Sicherheit gibt. Das Licht ist in Ihnen und das Licht ist um Sie. Die Sonne am Horizont strahlt auf Sie, Ihre innere Sonne strahlt in die Weite, in die Unbegrenztheit. Sie sind zum Zentrum des Lichts geworden. Das Licht ist in Ihnen. Sie sind das Licht.

Haben Sie eine Vorliebe für die Berge, imaginieren Sie einen Sonnenaufgang in den Bergen. Stellen Sie sich dazu vor, auf einer Höhenterrasse in den Bergen über den Wolken zu stehen, mit einem unbegrenzten Fernblick.

Die Übung bewirkt eine Anhebung Ihres Emotionsniveaus. Sie erhöhen Ihre positive Ausstrahlung und gewinnen emotionale Stabilität. Ihr Selbstwertgefühl wird gestärkt, Sie wirken auf Mitmenschen sympathischer.

ABWEHRSTRATEGIEN:

Eine Abwehr der Bildbeeinflussung ist nur erforderlich, wenn es sich um negative Bilder handelt. Solche negativen Bilder lösen negative Gefühle in Ihnen aus. Entfernen Sie deshalb solche Bilder aus Ihrem Umfeld.

Gefühle ansprechen

Eine sehr wirksame Methode der Beeinflussung ist es, das Beeinflussungsziel mit Gefühlen zu verknüpfen:

1. Verknüpfen Sie positive Gefühle mit dem Ziel und stellen so eine Belohnung in Aussicht.
2. Nennen Sie – wenn erforderlich – auch unangenehme Gefühle, wenn auf das Ziel verzichtet wird.

WICHTIG: Diesem Vorgehen liegt die Erkenntnis zugrunde, dass Sie mit dem Auslösen von Gefühlen bei Mitmenschen mehr erreichen als mit Argumenten.

Nach diesem Wissen geht auch die Werbung vor. So warb zum Beispiel eine Bausparkasse für ein Einfamilienhaus mit einer nackten Frau in einer Badewanne, im Hintergrund der grüne Rasen und junge Bäume.

Hier nun ein Beispiel aus eigener Erfahrung zur Aktivierung von Gefühlen, um ein Ziel zu erreichen.

Beispiel:

Vor Jahren versuchte ich meine Frau für eine Reise auf die Malediven zu begeistern. Dazu wollte ich bei meiner Frau viele positive Vorstellungen schaffen, die sie mit einer solchen Reise verknüpft. Positive Vorstellungen führen zu positiven Gefühlen. Da ich zur Beeinflussung auch Bilder verwenden wollte, fuhren wir in den Kölner Zoo. Als wir vor einem großen Aquarium standen, sagte ich zu meiner Frau: „Schau, was für herrlich bunte Fische. Stell dir vor, du schwimmst im Wasser unter diesen herrlichen Lebewesen." Darauf entgegnete meine Frau: „Wenn ich schon die Glupschmäuler der Fische sehe, wird es mir sehr unangenehm."

Meine Beeinflussung ging also voll daneben, denn die Betrachtung der Fische weckte negative Gefühle. Ich hatte bei meinem Vorgehen einen Fehler begangen, den viele Menschen begehen, nämlich von den eigenen Wünschen und Motiven auf die eines anderen Menschen zu schließen. Nach dem Misserfolg redete ich zwei Tage nicht mehr über die Reise. Dann versuchte ich mit einem anderen Vorgehen ihre Phantasie zu beflügeln.

Ich sagte ihr: „Stell dir vor, wir sind auf einer einsamen Insel, mehr als zehntausend Kilometer von zu Hause entfernt. Die Sonne scheint. Du stehst am Strand. Die Zweige einer Palme bewegen sich in einer leichten Brise, die dich umschmeichelt. Die sanfte Brise kräuselt die Wasseroberfläche des Meeres. Du hast einen weiten Blick auf den Ozean. Du bist auf einer Trauminsel." An den leuchtenden Augen meiner Frau konnte ich sehen, dass sie von positiven Gefühlen erfasst war. Am Abend stand das Reiseziel Malediven fest und war gemeinsam beschlossen worden.

Diesmal hatte ich die geeigneten Bilder für meine Beeinflussung gewählt. So brauchte ich auch nicht mehr damit zu argumentieren, wie schlecht sie sich fühlen würde, wenn sie sich diese Erlebnisse versagen würde.

Die Beeinflussung wäre dann so erfolgt:

„Stell dir vor, du liegst mit einer unheilbaren Krankheit im Bett eines Krankenhauses. Der Arzt hat dir gesagt, du hast nur noch sechs Wochen zu leben. Du siehst im Fernsehen einen Bericht über die Malediven. Du weißt, dort wirst du nie mehr hinkommen. Du hättest aber früher dorthin reisen können. Wie würdest du dich dann fühlen?"

Vielleicht stört Sie diese Art der Beeinflussung und Sie haben ein negatives Gefühl dabei. Leider wird der Hinweis auf die Realität nicht immer als angenehm empfunden. Es ist eine Jahrtausende alte Erfahrung: Menschen wollen die Wahrheit nicht hören, denn sie ist unangenehm. Ist es aber nicht besser, die Wahrheit zu sehen und sich keinen Illusionen mehr hinzugeben, statt ihnen zum Opfer zu fallen?

Zurück zu unserer Maledivenreise.

Fortführung des Beispiels:

Als wir einige Tage auf den Malediven verbracht hatten, sagte meine Frau: „Es ist die schönste Reise, die ich bislang erlebt habe." Auch ihre Einstellung zu den Lebewesen im Wasser hatte sich gewandelt. Sie schwärmt noch heute von der Berührung eines jungen Walhais und der Begegnung mit Mantarochen.

Vielleicht sehen Sie vor dem Hintergrund dieser Wandlung meine Beeinflussung nun nicht mehr als verwerfliche Manipulation an. Da nun ein Win-win-Ergebnis für mich und meine Frau eingetreten war, liegt keine Manipulation vor. Ist es nicht grundsätzlich gut, sich neue Erfahrungen zu suchen, die das Leben nicht eingrenzen, sondern erweitern? Erleben heißt auch er-leben.

Gefühle und Lustgewinn

Die Forschung hat festgestellt: Jeden Moment unserer wachen Existenz suchen wir nach Lustgewinn. Wir streben eine Vermehrung unserer guten Gefühle an, die wir durch bestimmte Ereignisse und Erwartungen erhoffen. Es gibt den Begriff des inneren

„Reward (Belohnung)-Raumes". Mit Blick auf diesen Genussradar beschäftigen sich unsere Gedanken mit möglichen Ereignissen oder Handlungen. Jede dieser Möglichkeiten bewerten wir nach dem Ausmaß von angenehmen Gefühlen – Belohnung oder auch Lust genannt – und nach der vermuteten Höhe von unangenehmen Gefühlen (pain). Was wir positiv einschätzen, zieht uns an, das Negative stößt uns ab.

Das Ausmaß der Abschweifungen haben Jeffrey S. Burgdorf und Joseph R. Moskal in einer Studie untersucht. Fast die Hälfte der Probanden wanderte mit ihren Gedanken durch imaginäre Räume, sie waren nur nicht beim Jetzt. Mit seinen inneren Genussradar ist der Geist immer auf der Suche nach einer weiteren Befriedigung.

WICHTIG: Die Aktivitäten des Genussradars sind umso größer, je geringer die jeweilige Zufriedenheit ist.

Was bedeuten die Ergebnisse der modernen Forschung? Machen Sie Ihrem Gegenüber neue Angebote zu seiner Lustbefriedigung. Zeigen Sie, wie Ihr Ziel ihm zu neuer Lust verhilft. Freude entsteht, wenn Sie die Phantasie beflügeln.

Verlieren Sie dabei aber nicht den Kontakt zur Realität wie der Leibarzt des Kurfürsten von Brandenburg. Er verschrieb bei Krankheiten einen nach dem Horoskop ausgewählten Talisman. Nur wenige Kranke konnten einer solchen Phantasie widerstehen: Ewige Gesundheit – ohne Anstrengungen und Opfer.

Eine solche Beeinflussung ist eine Manipulation, denn es ist eine Lose-win-Beeinflussung. Einen Gewinn hatte nur der Täuscher, wenn auch nur für kurze Zeit. Im Gefängnis konnte er die Früchte seiner Taten nicht genießen.

TIPP:

Beeinflussen Sie dadurch, dass Sie Ihr Ziel mit positiven Gefühlen für Ihr Gegenüber verbinden. Arbeiten Sie mit den Gefühlen anderer. Nutzen Sie das, was ihnen lieb und teuer ist, aber auch das, was sie fürchten.

Mit Gefühlen beeinflussen Sie oft mehr als mit Argumenten. Nutzen Sie deshalb auch die Macht Ihrer Phantasie, um Träume des Menschen anzusprechen oder zu wecken. Nehmen Sie jedoch die Möglichkeit wahr, bereits beim Kontakt positive Gefühle auszulösen. Seien Sie deshalb freundlich. Sagen Sie Ihrem Gegenüber, was Sie an ihm anerkennenswert finden, zum Beispiel: „Die neue Frisur steht Ihnen gut" oder „Ich freue mich, Sie zu sehen".

Je mehr positive Gefühle Sie auslösen, desto mehr Sympathie erhalten Sie. Ich erinnere an das Lächeln. So lösen Sie Sympathie und Vertrauen aus und die weitere Gefühlsbeeinflussung wird meistens gelingen. Eine sehr große Hilfe dabei ist, Mitmenschen gegenüber grundsätzlich positiv eingestellt zu sein.

TIPP:

Welche Möglichkeiten haben Sie bisher versäumt, um ein positives Klima zum Gegenüber zu schaffen? Was wollen Sie deshalb unternehmen? Beeinflussen Sie deshalb bereits bei der Kontaktaufnahme die Stimmung des Partners positiv.

Handeln Sie nicht nur aus einem Überschwang an positiven Gefühlen. Verbinden Sie Emotionen mit Vernunft.

Aber: Sie benötigen auch ein „Warum" hinter Ihren Zielen. Dieses „Warum" ergibt sich aus der einfachen Frage: Was macht das Leben für Sie lebenswert? Ich persönlich habe beispielsweise besondere Freude am Tauchen, Schnorcheln, Bergsteigen – der Natur überhaupt – und neuen Erkenntnissen, um nur einige Beispiele zu nennen. Erkennen Sie Ihre eigene Vision und halten Sie diese durch Denken daran am Leben. Aus dieser Lebensfreude wächst Begeisterung. So gewinnen Sie Einfluss auf Mitmenschen.

ABWEHRSTRATEGIEN:

Emotionen beeinflussen das Denken. Sind Sie etwa in einer euphorischen Stimmung, bewerten Sie Situationen viel zu positiv. Gleiches gilt umgekehrt. Im mittleren Bereich der Gefühle wird das Denken nicht beeinträchtigt. Diese Tatsache nutzt auch der Manipulator, denn er versucht starke positive oder auch negative Gefühle auszulösen. Der Appell an die Gefühle soll das kritische Denken des Gesprächspartners außer Kraft setzen. So erreicht der Manipulator seine Ziele. Besonders wirksam ist dabei die Beeinflussung mit Angst.

Umgang mit Gefühlen

Geben Sie Acht auf Ihre Gefühle, seien Sie sich dieser bewusst und gehen Sie sorgsam damit um. Erkennen Sie, dass jemand Sie emotional beeinflussen will. Stellen Sie kritische Fragen. Fragen Sie nach sachlichen Gründen.

Selbstdarstellung

Häufig werden Sie nicht nach Ihrer Leistung beurteilt, sondern nach Ihrem Auftreten und Ihrer Selbstdarstellung. Warum ist das so?

Die Bewertung einer Person erfolgt nicht aufgrund der tatsächlichen, sondern nur der von der Person wahrgenommenen Eigenschaften – und auch aus dieser Auswahl wiederum zieht Ihr Gegenüber nur einen Teil zur Urteilsfindung heran. Aus diesen reduzierten Wahrnehmungen schließt der Beobachter auf weitere Eigenschaften, die oft falsch sind. Dieses Vorgehen ist den meisten Menschen noch nicht einmal bewusst.

Wollen Sie Menschen beeinflussen, dürfen Sie sich nicht mit der fehlerhaften Meinungsbildung der Mitmenschen über Sie abfinden, sondern haben Einfluss auf die Meinungsbildung anderer zu Ihrer Person zu nehmen.

WICHTIG: Erzeugen Sie von sich ein Bild, das Ihren Beeinflussungsprozess begünstigt. Das Bild muss noch nicht einmal stimmen. Es reicht völlig aus, wenn Ihr Gegenüber daran glaubt.

Um dieses Ziel zu erreichen, müssen Sie erst einmal wissen, wie Sie auf Mitmenschen wirken. Erst dann können Sie an Ihrer Wirkung etwas verändern und das erforderliche Bild vermitteln. Eine große Hilfe ist es, aus der Umwelt zu erfahren, wie Sie auf diese wirken. Befragen Sie dazu Freunde oder Ihren Partner, die sicherlich wirklichkeitsnahe Aussagen treffen können.

Einige Erfordernisse, um positiv auf Mitmenschen zu wirken, haben Sie bereits kennengelernt. Doch wie zeigen Sie Kompetenz und gewinnen Vertrauen?

Checkliste: Kompetenz zeigen und Vertrauen schaffen

1. Stellen Sie sich als Experte dar.
   „Solche Aufgaben und ähnliche habe ich bereits erfolgreich gelöst."
   Bringen Sie Beweise für Ihren Expertenstatus. Sprechen Sie über Ihre Erfolge, doch übertreiben Sie es nicht.
2. Schreiben Sie ein Buch.
   Wer ein Buch schreibt, wird als Experte anerkannt.
3. Sprechen Sie über Ihre Motivation.
   „Es macht mir Spaß, das zu tun."
4. Fallen Sie im Unternehmen durch folgende Verhaltensweisen auf:
   - Sie machen Verbesserungsvorschläge.
   - Sie melden sich zu herausfordernden Arbeiten.
   - Sie bemühen sich um solche Arbeiten, die Ihr Image erhöhen.
   - Sie tragen neue Ideen vor, wenn wichtige Personen bei der Besprechung sind.
   - Sie schaffen gute Kontakte zu Kollegen.
5. Lassen Sie durchblicken, zu welchen bedeutsamen Personen Sie Kontakt pflegen.
   „Auf der Techniker-Tagung hatte ich ein sehr anregendes Gespräch mit dem Chef der Forschungsgruppe von Siemens."
6. Besuchen Sie Tagungen und Veranstaltungen, um einflussreiche Personen Ihrer Branche kennenzulernen.
7. Überlegen Sie, welches Profil Sie sich geben wollen.
   Zum Beispiel: Sie sind bekannt dafür, Probleme innerhalb des Unternehmens und/oder beim Kunden zu erkennen und dafür Lösungen anzubieten.

8. Ihr Handeln muss mit Ihren Worten übereinstimmen.
   - Sie orientieren sich an Werten.
   - Ihr Ziel ist ein Win-win-Vorgehen.
   - Sie versuchen nicht, mit unfairen Tricks Ihre Ziele auf Kosten anderer zu erreichen.
   - Sie zeigen Charakter.

Nach diesem langfristig orientierten Programm nachfolgend ein Vorgehen, um beim ersten Gespräch Ihr Gegenüber zu beeindrucken und Vertrauen zu erwecken. Welche Informationen wollen Sie beim ersten Gespräch von sich preisgeben, um bei Ihrem Gegenüber das gewünschte Bild von sich zu erzeugen?

Checkliste: Beim Erstkontakt beeindrucken

1. Welche Person wollen Sie beeindrucken?
2. Was wollen Sie erreichen?
3. Was werden Sie sagen? Denken Sie über folgende Punkte nach:
   - Was ist Ihr Werbespruch für sich? Dieser Werbespruch sollte
     - kurz und wirkungsvoll sein
     - Neugier und Interesse wecken
     - Nutzen aufzeigen
   - Bringen Sie Beweise dafür.
   - Verwenden Sie Beispiele, bildhafte Worte, Metaphern.
   - Legen Sie dar, warum sich Ihr Gegenüber für Sie entscheiden sollte.

Beispiel:
Der Werbespruch des Verkaufstrainers Hermann Scherer lautet: „Wir garantieren Ihnen 20 Prozent mehr Umsatz innerhalb von sechs Monaten – wenn Sie wollen, schriftlich garantiert."

Natürlich müssen Sie zu Ihrem Werbespruch auch die nötigen Beweise liefern.

Es ist nicht einfach, einen individuellen Werbespruch für sich zu entwickeln. Er hat eine Kurzaussage zu enthalten, wie Sie sich von anderen unterscheiden. Der Text sollte beim Sprechen nicht länger als 30 bis 45 Sekunden dauern. Verzagen Sie nicht, wenn Sie den Text nicht schon nach kurzer Zeit entwickelt haben. Da ich Unternehmen und Führungskräften bei der Entwicklung solcher Texte geholfen habe, weiß ich aus Erfahrung, dass sich dies meist nicht in kurzer Zeit bewerkstelligen lässt.

Beim folgenden Gespräch sollte der Anteil von Reden und Zuhören etwa 50 : 50 sein. Als Einstieg müssen Sie etwas von sich erzählen, um Vertrauen zu schaffen. Gehen Sie deshalb durch Eigenwerbung für sich in Vorleistung, bevor Sie Fragen stellen.

ABWEHRSTRATEGIEN:

Lassen Sie sich nicht von simplen Showeffekten und Geschwätz Ihres Gegenübers beeindrucken. Stellen Sie kritische Fragen. Fragen Sie nach: „Können Sie mir das bitte näher erläutern?"

Will sich Ihr Gegenüber herausreden, weil solche Ausführungen angeblich zu lange dauern, antworten Sie: „Geben Sie nur wenige Stichworte" oder" Ein kurzes Beispiel reicht mir".

Haben Sie auch keine Hemmungen festzustellen: „Sie haben meine Frage nicht beantwortet" oder „Ihre Antwort war interessant, doch es war keine Antwort auf meine Frage. Deshalb wiederhole ich sie. Also ...".

Kontakt halten

Es ist nicht nur wichtig, Kontakte zu schaffen. Diese müssen auch aufrechterhalten werden, sonst verlieren Sie Ihren Einfluss. Halten Sie jedoch nicht zu viel Kontakt, sonst schaden Sie Ihrer Beeinflussung, denn Sie gehen dem Gegenüber auf die Nerven. Wer sich jedoch in Sicherheit wiegt und annimmt, die Beziehung sei so stabil, dass er die Kontaktpflege nicht braucht, der irrt oftmals.

Es gibt verschiedene Möglichkeiten, Kontakte zu halten.

Checkliste: Kontakt halten

1. Schlagen Sie eine Brücke zum nächsten Termin
   - Bieten Sie Ihrer Zielperson Informationen an, die ihr vielleicht helfen.
   - Fragen Sie Ihre Zielperson nach Informationen.
   - Rufen Sie Ihre Zielperson vor Festtagen oder bei besonderen Anlässen an, zum Beispiel am Geburtstag.
2. Arrangieren Sie Zufälligkeitstreffen mit wichtigen Personen
   Richten Sie „zufällige" Begegnungen mit Entscheidungsträgern ein, zum Beispiel treffen Sie diese rein „zufällig" am Morgen bei Arbeitsbeginn oder im Laufe des Tages. Das wird natürlich nicht notwendig, wenn Sie die wichtigen Personen sowieso regelmäßig treffen.
3. Werden Sie Mitglied in Vereinen, in denen für Sie wichtige Personen sind.
   Solche Vereine sind zum Beispiel der Golfclub, ein Kunstverein oder ein Sportverein.
4. Treffen Sie individuelle Absprachen und Entscheidungen.
   Vereinbaren Sie mit den Personen, in welchen Abständen Treffen erfolgen sollen. Die andere Möglichkeit ist, Ihr Kontaktverhalten den Reaktionen des Gesprächspartners anzupassen.

ABWEHRSTRATEGIEN:

Sagen Sie Ihrem Gesprächspartner, wie Sie sich Ihre Kontakte vorstellen. Bringen Sie zum Ausdruck, wenn Sie sich bedrängt fühlen.

Timing

Unter Timing versteht man, den richtigen Zeitpunkt zum Handeln auszuwählen. Es ist der Zeitpunkt, der die größte Chance für den Erfolg der Beeinflussung bietet. Wirkungsvolles Timing setzt ein einfühlendes Verständnis der Situation des Gegenübers und des wechselseitigen Beziehungsprozesses voraus.

Beispiele:

- Nehmen wir an, Sie hatten im Geschäft viel Ärger und kommen ausgelaugt nach Hause. Wenn Sie jetzt vom Partner bestürmt werden, sich mit einem Katalog und dem Auswählen einer neuen Wohnzimmereinrichtung zu beschäftigen, ist das ein ungeeigneter Zeitpunkt. Für den Erfolg der Beeinflussung wäre es viel besser, wenn Sie sich erst etwas erholen könnten.
- Eine ungünstige Situation ist zum Beispiel auch, wenn Ihr Chef harte Kritik vom Vorstand einstecken musste – ein schlechter Zeitpunkt, um mit ihm über eine Gehaltsaufbesserung zu sprechen.

Das Timing spielt eine große Rolle beim komplexen Beeinflussungsprozess. Unterbreitet ein Verkäufer dem Kunden sein Angebot zu früh, hat er meistens geringe Chancen. Die folgenden Angebote verdrängen häufig das erste aus dem Bewusstsein des Interessenten. Wer dagegen mit dem Kunden als Letzter verhandelt, gewinnt oft den Beeinflussungsprozess.

Beispiel:

Ein Verkäufer hat dem Kunden ein Angebot geschickt und sitzt ihm nun bei der Preisverhandlung gegenüber. Im Preis ist er dem Kunden bereits entgegengekommen. Um noch mehr Nachlass zu erreichen, sagt der Kunde: „Was ist Ihr letzter Preis?“ Der Verkäufer geht zu Recht davon aus, dass der Kunde die Anbieter gegeneinander ausspielen will. Deshalb sagt er: „Ich sehe, Sie sind dabei, sich einen Überblick über die Marktsituation zu verschaffen. Wann werden Sie damit fertig sein? Ich werde in der Zwischenzeit mit meinem Lieferanten neu verhandeln. Danach sprechen wir darüber, was an weiterem Entgegenkommen möglich ist.“

Gemeinsam wird ein neuer Termin abgesprochen. Mit diesem Vorgehen hat der Verkäufer erreicht, dass er als Letzter in die Schlussverhandlung kommt. Wenn er dem Kunden bei dem Folgetermin auch noch die Frage stellt: „Wenn wir uns hier und heute einigen, können Sie dann hier und jetzt den Auftrag vergeben?", hat er sich in die optimale Position gebracht, um sein Ziel zu erreichen.

Ein solches Vorgehen, das Timing für den Beeinflussungsprozess zu nutzen, setzt die Fähigkeit voraus, geduldig und ohne Angst vorzugehen. Wer sehr von seinen Emotionen getrieben wird, neigt zu Hast und Ungeduld. Deshalb ist eine Steuerung der eigenen Emotionen sehr wichtig. Wie Sie das erreichen und Techniken dafür finden Sie in meinem Buch „Kommunikation mit Herz und Verstand", erschienen im Walhalla Verlag.

Hast und Ungeduld haben noch einige andere Nachteile. Haben Sie nicht auch schon die Erfahrung gemacht, dass Sie zwar in der Lage sind, das eigene Tempo immer mehr zu steigern, dadurch aber mehr eigene Fehler anfallen, die zusätzliche Probleme schaffen? Diese wären nicht entstanden, wenn Sie sich die notwendige Zeit genommen hätten. Ohne Hast gewinnen Sie mehr Spielraum in Situationen und vermögen flexibler zu reagieren.

Weniger Hast und mehr Geduld verhelfen Ihnen zudem zu einem anderen Zeitempfinden, die Zeit verläuft dann nach Ihrem Empfinden langsamer. Gefühlssteuerung führt Sie zu mehr emotionaler Stabilität und verleiht Ihnen mehr Distanz zu allen Situationen. Sie schützen sich davor, übereilt zu handeln und schaffen es, die Wirklichkeit so zu sehen, wie sie ist.

Die veränderte Art, mit den Dingen umzugehen und Emotionen unter Kontrolle zu haben schafft somit ganz neue Möglichkeiten, die Angst und Hast verhindern. So beherrschen Sie die Kunst des Timings.

Beispiel:
Einst ging ein Bauer zum Grafen, um die Pacht für das Land zu verlängern, das der Bauer bewirtschaftete. Der Graf hatte schon zu viel getrunken und fuchtelte mit einem geladenen Gewehr herum. „Ich verlängere die Pacht nur, wenn du meinem Hund das Sprechen beibringst", schrie der Graf den Bauer an. „Tust du es nicht, dann erschieße ich dich auf der Stelle." Der Bauer willigte ein und nahm den Hund mit nach Hause. Als der Bauer mit dem Hund auf dem Hof erschien, fragte ihn seine Frau: „Mann, was willst du mit dem Hund?" Der Bauer erzählte ihr sein Erlebnis mit dem Grafen. „Du wirst es doch nie schaffen, dem Hund das Sprechen beizubringen", erregte sich seine Frau. „Frau", erläuterte der Bauer, „ich habe es geschafft, einen Zeitraum von fünf Jahren herauszuhandeln." „Du schiebst das Unmögliche nur hinaus", sagte die Frau. „Nicht ganz", erwiderte der Bauer. „Ich habe vier Chancen: Erstens könnte der Graf in dieser Zeit sterben. Zweitens könnte ich nicht mehr unter den Lebenden weilen. Drittens könnte der Hund krepieren. Viertens könnte es mir doch gelingen, den Hund zum Reden zu bringen."

Eine weitere Beeinflussungstechnik ist, das Timing Ihres Gegenübers durcheinanderzubringen. Das erreichen Sie, wenn Sie den anderen zur Eile antreiben und Druck machen.

> *Beispiel:*
> Vor langer Zeit verhandelte ein sehr bekannter Kunsthändler mit dem Milliardär Rockefeller über ein Gemälde, doch dieser konnte sich nicht entscheiden. Deshalb setzte der Kunsthändler Rockefeller eine Frist. Außerdem wies er darauf hin, dass nach dem Verstreichen der Frist das Gemälde ins Ausland geschickt werden würde, da sich dort ein weiterer reicher Kunstmäzen für das Bild interessierte.

Die Technik, Timing zur Unterstützung der Beeinflussung des Partners anzuwenden, wird zum Beispiel auch zwischen den Geschlechtern angewandt. So manche junge Dame hat mit der diskreten Andeutung, dass sich auch andere Herren um sie bemühten, den gewünschten Partner enger an sich gebunden.

TIPP:

Trainieren Sie Gefühlssteuerung und vermeiden Sie Hast und Ungeduld. Sie beherrschen das Timing erst dann, wenn Sie den günstigen Augenblick im Beeinflussungsprozess erkennen und auch für sich nutzen. Das setzt Einfühlungsvermögen und Verständnis für den ganzen Prozess voraus.

ABWEHRSTRATEGIEN:

Erkennen Sie, wenn jemand auf Sie Zeitdruck ausübt oder die Verschleppungstaktik anwendet. Dem Zeitdruck widerstehen Sie mit Ihrer emotionalen Stabilität. Auf die Verschleppungstaktik reagieren Sie mit Terminsetzungen und häufigen Kontakten. Dabei führen Sie Gründe an, weshalb die baldige Reaktion der anderen Seite erforderlich ist.

Kombination von Techniken

Die Beeinflussungstechniken

Positive Gefühle auslösen

- Personen mit Namen ansprechen
- positive Ausstrahlung
- Anerkennung und Komplimente
- Interesse am Gegenüber zeigen
- Einfühlungsvermögen
- positive Körpersignale

Positive Kommunikation

- Mitmenschen verstehen
- Offenheit zeigen
- aktives öffnendes Zuhören mit Spiegeln von Aussagen und Gefühlen

Vermeiden Sie:

- Vorurteile
- Rechthaberei
- Schuldzuweisungen
- Streit
- von sich reden

Aufmerksamkeit erzeugen

- keine Konventionen einhalten
- gegen Erwartungen verstoßen
- etwas Außergewöhnliches tun
- Besonderes leisten
- Show-Effekte inszenieren
- beeindruckende Präsentation
- auf Referenzen hinweisen
- positiver Ruf und Glaubwürdigkeit

Wünsche und Motive erkennen und erfüllen

- Lustverheißende Erfüllung vorhandener Motive in Aussicht stellen

Umfassende Information

- kein Desinformieren
- Bild der Wirklichkeit durch neue Perspektiven erweitern

Beeinflussung mit Gefühlen

- Beeinflussen mit positiven und negativen Gefühlen
- Affektverhalten nutzen

Beeinflussung durch Wiederholungen
- Botschaften wiederholen

Beeinflussen mit Sprache
- Bilder einsetzen
- Geschichten erzählen
- positive Sprache
- Fragen
- Metaphern
- Kontrasttechnik
- Analogien
- Zauberworte
- Spin
- Schlagworte
- Sprichworte
- Ideen vermitteln

Bekannte Automatismen nutzen
- Reziprozität
- Konsistenz
- Knappheit
- soziale Bewährtheit

Die hier angegebenen Beeinflussungstechniken lassen sich in großer Zahl kombinieren.

Beispiele:
- Aufmerksamkeit durch besondere Leistung erregen – positive Gefühle zeigen – das Gegenüber verstehen – Nutzen zeigen
- Positive Gefühle auslösen – mit Bildern beeinflussen – Geschichten erzählen
- Lustverheißende Erfüllung vorhandener Motive, Komplimente, Wunsch erfüllen (siehe dazu das folgende Beispiel im nächsten Abschnitt)

Die Trigger soziale Bewährtheit, Reziprozität, Konsistenz und Knappheit lassen sich einzeln oder in Kombination bei jedem Beeinflussungsprozess verwenden. In den meisten Fällen müssen die Trigger jedoch mit anderen dargelegten Beeinflussungstechniken kombiniert werden. Verknüpfen Sie nur drei Beeinflussungstechniken untereinander, erweitert sich die Zahl möglicher Vorgehensweisen auf acht. Die Anzahl der Kombinationsmöglichkeiten nimmt gewaltig zu, je mehr Techniken Sie miteinander kombinieren. Diese alle einzeln aufzuführen würde jedoch zu einem mehrbändigen Werk führen.

TIPP:

Um auf die große Zahl möglicher Kombinationen oder Beeinflussungstechniken zurückzugreifen, ist ein anderes Vorgehen geeigneter. Haben Sie das Wesentliche der Techniken verstanden, vermögen Sie sie mittels Ihrer Kreativität zu kombinieren. So passen Sie Ihr Beeinflussungsvorgehen der jeweiligen Person, der Vorgeschichte und der Situation an. Von Ihrem Gehirn mit den hundert Milliarden Nervenzellen erhalten Sie dafür die beste Unterstützung. Obendrein entwickeln Sie so auch Ihre Persönlichkeit, vor allem aber entwickeln Sie durch das Sammeln eigener Erfahrungen Ihre intuitiven Beeinflussungsfähigkeiten.

Quasilogisches oder logisch-systematisches Vorgehen

Im Vorwort wurde darauf hingewiesen, dass der Mensch auf der Autopilotstufe 2 mit plausiblen Darlegungen beeinflussbar ist. Plausibilität oder auch der gesunde Menschenverstand beziehungsweise simple Denkklischees täuschen nach Ernst P. Fischer Klarheit vor, die nicht gegeben ist. Deshalb werden die Ergebnisse solcher Urteile auch als quasilogisch bezeichnet. Erst auf der Autopilotstufe 3 ist eine logische Kognition (Prozess des Wahrnehmens und Erkennens) gegeben. Mit der logisch-systematischen Kognition lassen sich Beurteilungen nach dem Plausibilitätsprinzip überprüfen.

Über Defizite des menschlichen Intellekts macht sich zum Beispiel der Sufi Idries Shah in der folgenden Geschichte lustig.

Beispiel:
Nasrudin rannte eines Nachts durch die Straßen der Stadt und brüllte dabei: „Diebe! Diebe!“ Nachdem er sich beruhigt hatte, fragten ihn die Leute: „Wo war denn der Dieb?“ – „In meinem Haus!“ – „Hast du ihn gesehen?“ – „Nein.“ – „Woher weißt du denn, dass bei dir ein Dieb war?“ – „Ich lag in meinem Bett, als mir einfiel, dass Diebe ohne Geräusche zu machen in Häuser einbrechen und lautlos umherschleichen. Da ich nichts hören konnte, wusste ich, dass ein Dieb im Haus war, Ihr Narren!“

In dieser Geschichte begeht Nasrudin einen Denkfehler. Die Behauptung einer notwendigen Folge ist logisch falsch (siehe dazu auch Kapitel 7).

Hier noch ein weiterer Fehlschluss.

Beispiel:
Ein Vater sprach zu seinem schielenden Sohn: „Mein Sohn, du siehst alles doppelt.“ „So ein Unsinn“, gab der Sohn zurück. „Wenn das stimmen würde, dann sähe ich ja dort oben vier Monde und nicht zwei.“

Fehler im Denkbereich

Zu diesen Fehlern in der Logik gehören zum Beispiel:
- Meinungen als Tatsachen darlegen
- Gleichzeitigkeiten als kausale Verknüpfungen hinstellen
- allgemeine Aussagen aus einem Einzelfall ableiten

Nach Daniel Kahnenman und Amos Tversky:
- Schwarz-Weiß-Vereinfachungen
- lineares Extrapolieren für eine schnellstmögliche emotionale Entlastung
- keine Folgen- und Wechselwirkungen betrachten

Nach Erich Brendl sind es Denkklischees:
- unmittelbare Bedürfnisse zulasten langfristiger Erfordernisse zu befriedigen
- Wichtiges wegen Dringendem zu vernachlässigen
- Konzentration auf wenige Merkmale

Außerdem gehören zu den Fehlern:
- Paralogismen beziehungsweise Syllogismen
- falsche Argumente, das heißt mentaler Betrug allgemein
- Sprichwörter, Zirkelschlüsse
- soziale Bewährtheit
- falsche Verknüpfungen
- defizitäre Argumentation
- falsche Garantien, Schwammigkeit
- Strohmann-Taktik, falsche Analogien
- Sprach- und Bild-Manipulation
- Normen, Regeln, Konventionen
- Gerüchte und Gefühlsmanipulation
- Kognitive Dissonanz

Diese Fehler im Denkbereich werden in Kapitel 7 dargestellt, ebenso die Gefühlsmanipulation mit Angst, denn es handelt sich dabei um die Techniken des Manipulators.

Eine Frage ergibt sich: Ist es erforderlich, bei jeder Beeinflussung die Beweisführung auf dem Niveau zu führen, das die erwähnten Denkfehler vermeidet? Hat nicht Ihr Vorgehen der Empfangsfrequenz Ihres Gegenübers zu entsprechen?

Die Bibel nutzt zur Veranschaulichung Gleichnisse. Sie lässt sich nicht auf ein hohes Niveau der Argumentation ein. Buddhas Vorgehen wiederum bestand darin, seine Darlegungen dem Niveau der Zuhörer anzupassen. Was gilt es somit für Sie zu tun?

TIPP:

Bei einer tiefgehenden Betrachtung liegt das Problem woanders. Gehen wir davon aus, dass Sie eine Win-win-Beeinflussung praktizieren, so spürt Ihr Gegenüber Ihre positive Haltung. Da es nicht um reine Logik geht, sondern um ein Zusammenwirken von Kognition und Emotion – der Affektlogik –, haben die Gefühle den entscheidenden Einfluss. Sind die Gefühle positiv, ist das für den Erfolg der Beeinflussung entscheidend.

Beispiel: Beeinflussungsprozess

Situation: Silvia und Karin sind zwei Freundinnen, die sich seit Jahren kennen. Karin möchte Silvia beeinflussen, mit ihr einen Urlaub in den Bergen zu verbringen. Silvia war bisher nicht in den Bergen, sie liebt das Meer und den Strand.

Karin: „Silvia, du bist immer ein fröhlicher Mensch. Es macht mir immer Freude, mit dir zusammen zu sein (Kompliment). Hast du Lust, mit mir einen Urlaub in den Bergen zu verbringen?"

Silvia: „Karin, du weißt, ich liebe das Wasser und den Strand. Deshalb fahre ich nicht in die Berge."

Erläuterung: Da der Urlaub in den Bergen zunächst abgelehnt wird, hat es keine Aussicht auf Erfolg, wenn Karin für die Berge argumentiert. Es ist besser, wenn Karin versucht herauszufinden, wofür sich Silvia interessiert. Erst mit diesem Wissen ist eine erfolgreiche Beeinflussung möglich.

Karin: „Was findest du am Meer so gut, Silvia?"

Silvia: „Mich fasziniert der weite Ausblick, den ich am Strand habe. Ich kann sehr gut dabei abschalten. Und ich finde es schön, im Wasser zu schwimmen. Von Bergen fühle ich mich eingeengt."

Karin: „Du hast Recht. Auch ich finde den weiten Ausblick am Meer faszinierend (Zustimmung). Das Erleben der Weite in der Ebene ist ein ganz besonderes Erlebnis. Nun gibt es aber auch noch eine ganz besondere Qualität des Erlebens in der Höhe. Hast du das schon einmal erlebt?" (Neugier wecken).

Silvia: „Nein, erzähl mir mehr davon."

Karin: „Seit jeher hat man die Berge wegen ihrer Höhe mehr der göttlichen Sphäre des Himmels als der Erde zugeordnet. Wenn ich im Wallis mit der Gondel auf die Riederalp fahre, bleibt nicht nur das Auto im Tal. Auch meine Alltagsgedanken lasse ich unten zurück. Die Gondel bringt mich auf die Alp, die auf einer Höhenterrasse auf 2.000 Metern liegt. Von dort habe ich einen weiten Blick in die Ferne, ich erlebe die Höhe als ganz neue Raumerfahrung. Ich empfinde nach, was Rilke gesagt hat. Er nennt das Wallis: ‚Land, auf halbem Weg angehalten zwischen der Erde und dem

Himmel.' Dieses Erlebnis der Höhe ist ein ganz besonderer Bewusstseinszustand. Deshalb haben Mönche in Asien seit Jahrtausenden in Höhen ab 2.000 Metern meditiert, um den förderlichen Umstand zu nutzen."

Silvia: „Es hört sich schon sehr verheißend an, was du sagst. Ein neues Erlebnis interessiert mich schon. Ich will aber auf das Schwimmen nicht verzichten."

Karin: „Auf der Bettmeralp gibt es einen herrlichen See, in dem wir schwimmen können. Der See liegt nur zwanzig Minuten zu Fuß von der Riederalp entfernt. Bist du schon einmal in einer solchen Höhe geschwommen?"

Silvia: „Das interessiert mich schon."

Karin weiß, dass Silvia Blumen mag und an Farben interessiert ist. Deshalb versucht sie, diese Liebhaberei für einen weiteren Beeinflussungsprozess zu nutzen.

Karin: „Auf der Riederalp gibt es Blumen, die sich besonders von den Blumen im Tal abheben. Die Blumen auf der Alp haben eine unvergleichlich intensive Farbe. Der Grund dafür ist, dass die Höhenstrahlung eine höhere Farbkonzentration in den Blumen bewirkt. Das macht die Blumen so einmalig."

Silvia: „Das interessiert mich sehr."

Karin sucht nach einem weiteren Grund, Silvia zu einem Besuch der Riederalp zu bewegen, sie stellt deshalb eine weitere Frage.

Karin: „Welche Bedeutung hat die Natur für dich?"

Silvia: „In der Natur finde ich Geborgenheit und Gelassenheit."

Karin: „Die Gegend, zu der ich mit dir im Wallis fahren will, wird auch als Ort der Kraft bezeichnet, da ihn schon viele Menschen so erlebt haben. Willst du eine Gegend mit mir erleben, wie du es noch nie getan hast?"

Silvia: „Karin, wann fahren wir?"

4 Beeinflussen mit der Macht der Sprache

Sprache und Realitätserkenntnis

Wie gewinnen Sie Erkenntnisse und Wissen über die Realität? Das Meiste dazu erhalten Sie durch Ihre Sinne. Der Sehsinn vermittelt Ihnen einen anderen Teil der Realität als der Hörsinn. Sie nehmen die Realität auf eine gefilterte Weise wahr. Wellen mit unterschiedlicher Länge vernehmen Sie als Licht, Töne, Wärme oder gar nicht. Die Natur hat es so eingerichtet, dass Sie nur das wahrnehmen, was für Sie von Bedeutung ist.

Worte sind Etikette

Die heutige Sprache ist ein Erfahrungsschatz unserer Ahnen, der über zehntausende von Jahren zusammengetragen wurde. Selbst mit einem begrenzten Wortschatz ermöglicht es unsere Sprache, eine große Menge von Geschehen zu erfassen und darüber zu reden. Die Sprache schafft ein System zur Vereinfachung und ermöglicht so das Handeln. Benjamin Whorf schreibt dazu: „Unsere Muttersprache ist ein Abkommen dazu, wie die Umwelt begrifflich zerlegt werden soll. Sprachen zerschneiden die Natur, das Zerschneiden ergibt die Worte im Lexikon. Wir denken über die Welt nach, als wäre sie eine Sammlung von Dingen, die den Worten entsprechen. Wir projizieren die Bedingungen unserer Sprache auf das Universum und sehen sie dort."

> *Beispiel:*
> So lässt der Sprachwissenschaftler Walter Porzig einen Bauern seine Verwunderung im Planetarium ausdrücken: „Dass man die Bahnen der Sterne berechnen kann, begreife ich – aber wie in aller Welt haben sie ihre Namen herausgebracht?"

Offenbar geht der Bauer davon aus, dass die Namen der Sterne schon seit Jahrtausenden existieren. Das ist aber ein Irrtum. Was noch nicht im Bewusstsein der Menschen existierte, hatte noch keinen Namen. Erst die Entdecker der Sterne haben ihnen nach eigener Willkür und Ermessen einen Namen gegeben. Für Kinder ist es selbstverständlich und so sehen es auch viele Erwachsene, dass die Worte die Wirklichkeit genau abbilden. Doch so ist es nicht.

Sprache bestimmt die Grenzen Ihrer Welt

Verlassen wir die Welt des Greifbaren, wird es sogar noch abstrakter. So erweckt das Wort „Wind" den Eindruck, dass es den Wind auch gibt. Doch wo ist der Wind, wenn er nicht weht? Den Wind gibt es nicht, es gibt nur den Prozess des Wehens.

Nehmen wir einmal die abstrakten Begriffe „Ruhm" und „Ehre". Hätten Sie die Begriffe noch nicht gehört, könnten Sie auch nicht in den Begriffen denken. Erst wenn Sie die Begriffe kennen und den Inhalt wissen, mit dem sie gefüllt werden, vermögen Sie auch zu denken, was vorher nicht oder nur in Ansätzen unklar jemals in Ihrem Bewusstsein aufgetaucht ist.

Der Philosoph Ludwig Wittgenstein sagte: „Die Grenzen meiner Sprache sind die Grenzen meiner Wirklichkeit." Sie können nur das denken und kommunizieren, wofür Ihr Sprachschatz auch Worte hat. Nur was gesagt wird, kann gesagt und auch wiederholt werden. Das heißt auch: Wenn Sie Ihren Sprachschatz um zusätzliche Worte erweitern, verschieben Sie die Grenzen in Ihrem Kopf.

Deshalb schaffen Werbeleute und Philosophen auch neue Worte. So bezeichnet beispielsweise eine Sparkasse sich als „geldrichtig" oder wirbt das Kaufhaus mit „Frohe Hi-Fi-nachten".

Übernehmen Sie die Worte Ihres Gegenübers, übernehmen Sie auch seine Sichtweise. Heutzutage wird das Wort „Krieg" kaum noch verwendet, stattdessen spricht man von „friedenserhaltenden Maßnahmen". Übernehmen Sie diese beiden Worte unkritisch, machen Sie sich auch die verharmlosende Sichtweise zu eigen. Der in der Sprache enthaltene Erfahrungsschatz erspart Ihnen zwar viel Mühe und eigene Arbeit, sich auszudrücken. Andererseits können aber darin Einstellungen enthalten sein, die überholt sind und Sie am wirklichkeitsgerechten Handeln hindern.

Offenheit ist notwendig. Hinterfragen Sie plakative Bilder und Worte, mit denen Sie von anderen zu einer bestimmten Sichtweise der Wirklichkeit gebracht werden sollen, die nicht mehr angemessen ist. Wenn Sie wissen, was Sprache ist, ihre großen Möglichkeiten, aber auch ihre Grenzen erkennen, reduzieren Sie Ihre Abhängigkeit von Verführungen durch die Sprache.

Lassen sich Worte genau definieren?

Die Frage drängt sich auf: Lässt sich der sichere Gebrauch der Sprache festlegen? Der Philosoph Immanuel Kant sagte dazu: „Klare Definitionen gibt es nur in der Mathematik." Der Autor, Journalist und Träger des Medienpreises für Sprachkultur Wolf Schneider stellt als Hobbybergsteiger die Frage: „Wo fängt das Matterhorn an? Nicht oben, da herrscht Einigkeit – unten." Doch wo genau das Unten ist, möchte er sich nicht festlegen. Wolf resigniert: „Das Matterhorn ist nicht definierbar. Das Wort franst nach unten aus, wie so viele Wörter."

Es gibt viele Gründe, warum keine genauen Definitionen möglich sind. Keiner denkt bei einem Wort an genau das, woran der andere denkt. Sie werden Worte nur dann verstehen, wenn Sie eine Mindestmenge an gemeinsamen Erfahrungen mit dem Gesprächspartner haben.

Für Martin Buber ist das unterschiedliche Verständnis gemeinsamer Begriffe sogar förderlich. Das veranlasst nämlich Menschen, sich mehr Mühe mit dem gegenseitigen Verstehen zu geben. Einen ganz großen Vorteil hat die mangelnde Eingrenzbarkeit. Die meisten Worte haben es ermöglicht, über Jahrhunderte hinaus ein Verständnis ohne allzu große Mängel zu erreichen. Wolf weist darauf hin, dass sich der Wortschatz des Raumfahrtzeitalters zu 90 Prozent mit dem der Postkutschen-Ära deckt. Wären alle Worte eng eingegrenzt, wäre es notwendig gewesen, seine Worte mit Phantasie zu schaffen.

Wenn Sie daran denken, wie wenig neue Worte im letzten Jahrhundert geschaffen wurden, die allgemein Anklang gefunden haben, hätte es gewaltige Sprachprobleme gegeben. So besteht die Magie der Worte darin, dass sie offen sind für weitere Entwicklungen.

Karl Jaspers sagt dazu: „So wie sich die Worte entwickelt haben, tragen sie das Geheimnis, einen Reichtum schlummernden Bedeutens zum jederzeit möglichen Erwachen zu bewahren.“

TIPP:

Erweitern Sie Ihren Wortschatz, denn so erweitern Sie auch die Grenzen Ihres Denkens. Lesen Sie anspruchsvolle Bücher. Schauen Sie sich anspruchsvolle Sendungen im Fernsehen an. Versuchen Sie, Ihnen vertraute Dinge einmal anders zu bezeichnen. Ein größerer Wortschatz macht Sie unabhängiger und Sie müssen keine vorgefertigten Worte übernehmen. Mit lautem Sprechen neuer Worte nehmen Sie diese besser auf und befreien sich aus engen Routinebahnen.

Sprache und Information

Eine Funktion der Sprache ist, Informationen zu vermitteln. Informationen werden zum Beispiel in Gesprächen ausgetauscht.

Betrachten wir einen Tisch und sehen, welche Informationen er vermittelt.

1. Größe

Zunächst fällt seine Größe auf. Es ist vielleicht ein kleiner oder ein großer Tisch.

2. Form

Ist es ein runder oder ein eckiger Tisch? Die Form macht Aussagen über die Geschicklichkeit des Herstellers oder eventuell über seine Werkzeuge. Ist der Tisch eine Massen- oder Einzelanfertigung?

3. Material

Das Holz des Tisches lässt erkennen, wann das Holz gefällt wurde. Auch erhalten Sie Informationen über das Holzwachstum.

4. Zustand

Am Tisch lässt sich ablesen, ob er sehr gebraucht, aber auch gepflegt wurde. Daneben gibt es noch viele andere Informationen über den Tisch. Wer hat mit dem Tisch gearbeitet? Was können eventuell vorhandene Schnitzereien über die Vorlieben seiner Benutzer aussagen usw.

WICHTIG: Die Menge an Informationen über den Tisch ist unbegrenzt. Mit einer unbegrenzten Anzahl von Informationen kann jedoch niemand etwas anfangen. Die Auswahl und Bewertung erfolgt nach den jeweiligen Interessen. Jede Ihnen gegebene Information ist bereits aus vielen anderen ausgewählt und bewertet worden. Wenn sich jemand zum Beispiel für einen kunstvoll hergestellten Tisch interessiert, wird er die Auswahl der Information anders treffen als jemand, der nur einen Tisch zum Arbeiten benötigt. Zwei Menschen mit unterschiedlichen Interessen werden daher unterschiedliche Informationen auswählen und diese als Grundlage ihrer Entscheidung verwenden.

TIPP:

Bei allen Ihnen zur Verfügung gestellten Informationen hat aufgrund von Interessen und Entscheidungskriterien bereits eine Auswahl stattgefunden. Das führt immer zu einer Reduzierung der Informationen. Oft ist die vorgenommene Begrenzung dem Informierenden noch nicht einmal bewusst. So ist es möglich, dass jemand vollkommen unbewusst manipuliert.

Meistens gehen den Informationen Fragen voraus. Um die gewünschte Information zu erhalten, muss die richtige Frage gestellt werden.

Beispiel:
Ein Mann mit einem Rechtsproblem ging zu einem Anwalt und bat um eine unverbindliche Auskunft. Diese sicherte ihm der Anwalt zu. Nach einigen Tagen erhielt der Mann eine Rechnung. Verärgert rief der Mann den Anwalt an und sagte empört: „Ich wollte nur eine unverbindliche Auskunft und Sie haben mir eine Rechnung geschickt!“ Darauf der Anwalt: „Meine Auskunft war unverbindlich, aber nicht kostenlos.“

Nicht immer erfolgt die Klarstellung sofort, wie im folgenden Beispiel:

> *Beispiel:*
> Eine Frau ruft telefonisch nach einem Arzt, da ihr Mann dem Tode nah ist. Bevor der Arzt beim Kranken eintrifft, ist dieser schon verstorben. Als der Arzt schließlich an der Haustür klingelt, öffnet die Frau und sagt: „Herr Doktor, Sie kommen umsonst, mein Mann ist schon tot." Darauf der Arzt: „Vergeblich, nicht umsonst."

Das erste Beispiel zeigt: Sie haben die richtige Frage zu stellen, um die richtige Antwort zu erhalten. Das ist nicht einfach. Die Fragetechnik muss sich jeder erst durch Training aneignen. Da dies das Wichtigste, aber zugleich Schwierigste in der Kommunikation ist, wird die Fragetechnik in meinem Buch „Kommunikation mit Herz und Verstand" (ISBN 978-3-8029-3443-8) ausführlich behandelt.

Stellt Ihnen jemand eine Frage, dann hüten Sie sich, überzuinformieren. Das bringt Ihr Gegenüber nur in Konfusion, anstatt Klarheit zu verschaffen. Lassen Sie also nicht interessierende Informationen fort.

TIPP:

Oft wird etwas als wesentliche Information verkündet, ohne das Interesse des zu Informierenden zu kennen. Wenn Sie wichtige Informationen benötigen, haben Sie sich über Ihre eigenen Interessen und über die des Informierenden bewusst zu sein. Sind Ihnen diese nicht bekannt, fragen Sie danach. Sie brauchen das Wissen, um die erhaltene Information kritisch zu betrachten.

Informationsarten

1. **Die ideale Information**
   Diese Informationsart liegt vor, wenn Sie alle Teilinformationen erhalten, die Sie für eine Entscheidung brauchen. Das setzt voraus, dass Sie dem Informanten Ihre Interessen genannt haben. Auch hat er sich bei der Information nur an Ihren und nicht an anderen Interessen zu orientieren. Dabei darf keine Bewertung von Teilen der Information stattfinden.
2. **Die Information**
   In diesem Fall werden wichtige Teilinformationen von Informanten vergessen oder selbst nicht wahrgenommen.
3. **Gefärbte Informationen**
   Hier fließt bereits die Bewertung von Informationsaspekten in die Information mit ein. Die übermittelte Information wird häufig schöngefärbt. So beschränkt

sich die Rede vieler Politiker auf Teilwahrheiten, die auch noch schöngefärbt werden, zum Beispiel wenn vom Nullwachstum gesprochen wird.

4. **Unterschlagene Informationen**
   Häufig erhält eine Person wichtige Informationen nicht. Die Weitergabe erfolgt dann nicht, wenn der Informant Handlungen befürchtet, die ihm selbst Nachteile bringen. Viele Führungskräfte haben Angst, wichtige Informationen für ihr Vorankommen im Unternehmen zu verpassen. Deshalb haben sie Hemmungen, einen längeren zusammenhängenden Urlaub zu nehmen.

5. **Falschinformationen**
   Falschinformationen vermitteln einen Sachverhalt, der nicht den Tatsachen entspricht.
   - Ein Beispiel war die Begründung von Bush für den Irak-Krieg. Um ihn zu rechtfertigen, behauptete er, der Irak hätte Atomwaffen. Das entsprach aber nicht den Tatsachen.
   - Ebenso sind viele überflüssige Operationen heutzutage Realität. Veranlasst von den geringen Arzthonoraren der Krankenkassen, versuchen einige Ärzte, die Krankenhauskosten durch besser bezahlte Operationen zu decken.

TIPP:

Seien Sie bei allen Informationen besonders kritisch. Ihre eigenen Interessen haben Sie genau zu kennen. Dazu ist es erforderlich, sich über die Interessen des Informationsgebers klar zu sein. Sind Sie das nicht, fragen Sie danach. Eine allgemeine Information reicht meistens nicht aus. Mit folgenden Fragen fragen Sie nach dem Detail:

Wann – nach der Zeit
Wo – nach dem Ort
Was – nach dem Ereignis, Tatbestand
Wie – nach Abläufen
Wer – nach der Person
Wozu – nach dem Grund

Unterscheiden Sie zwischen Tatsachen und Bewertungen. Achten Sie darauf, als Information nur Tatsachen zu erhalten. Stellen Sie präzisere Fragen, zum Beispiel: „Wo haben Sie das gelesen?“ Lassen Sie sich die genaue Quelle geben. Fragen Sie: „Wer hat das genau beobachtet?“

Lassen Sie sich Bewertungen erst dann geben, wenn Sie alle Sachinformationen haben. Um sich selbst noch besser ein Bild zu machen, fragen Sie nach der Begründung der erhaltenen Bewertung.

WICHTIG: Fragen Sie kritisch und hören Sie genau zu! Gehen Sie in die Tiefe. Wiederholen Sie Aussagen des Informierenden mit anderen Worten. Das hilft nicht nur, Missverständnisse zu vermeiden. Oft schiebt der Partner auch noch wichtige Informationen nach.

Mit Sprache neue Sichtweisen vermitteln

Es gibt viele Sichtweisen der Realität. Ein Anhänger der grünen Partei hat zum Beispiel andere Sichtweisen zum Neubau des Stuttgarter Bahnhofs als der Boss der Deutschen Bahn.

In seinem Buch „Der eindimensionale Mensch“ schrieb der Sozialphilosoph Herbert Marcuse: „Die meisten Menschen sehen und erkennen nur noch eine Seite der Dinge. Die Menschen haben den Blick für andere Aspekte verloren.“ Deshalb gilt es, neue Aspekte der Wirklichkeit zu erkennen. Dazu ist es notwendig, aus den gewohnten Horizonten auszubrechen.

Beispiel:
Vor einigen Jahren gab es eine Krise in der US-amerikanischen Automobilindustrie. Die Führungsspitze des Chrysler Konzerns wollte den Kongress überzeugen, dem Konzern ein Darlehen von rund drei Milliarden Dollar zu gewähren. Der Kongress stand einer solchen Hilfe ablehnend gegenüber, denn er war der Meinung, ein Unternehmen dürfe keine Staatsmittel erhalten.

Der Chef des Konzerns, Iacocca, zitierte die Schätzung des Finanzministers zu den Kosten. Allein im ersten Jahr würden 2,7 Milliarden Dollar für Arbeitslosenhilfe und staatliche Unterstützung anfallen. Weiterhin zog er eine Parallele zwischen dem sozialen Sicherheitsnetz für den einzelnen Menschen und für ein Unternehmen. So gelang es ihm, dem gleichsam gesichtslosen Unternehmen ein Gesicht zu geben. Auch erinnerte er daran, dass Menschen Arbeit haben müssen, um leben zu können. So zog er menschliche Aspekte mit in seine Betrachtung. Er stellte Chrysler als Problem des ganzen Landes dar. Iacocca bezeichnete die Schwierigkeiten Chryslers als Spitze des Eisbergs dafür, was in Amerika alles falsch liefe. Nach seiner Meinung sei die Hilfe für das Autounternehmen ein Testlabor für jedes andere Unternehmen. Er kombinierte rationale mit emotionalen Aspekten. Mit den Begriffen „Amerika“, „Eisberg“, „Testlabor“, „Netz sozialer Sicherheiten“ setzte er zur Beeinflussung ansprechende und leicht zu verstehende Bilder ein.

Iacocca verwendete einleuchtende Sichtweisen, warum Chrysler gerettet werden sollte, und erreichte damit auch sein Ziel. So ergab sich aus den neuen Sichtweisen sofort die Notwendigkeit, Chrysler zu unterstützen.

Neue Sichtweisen vermitteln

Neue Sichtweisen zu entdecken, bedeutet, eine Situation zu interpretieren sowie ihre Besonderheit und Bedeutung richtig einzuschätzen. Teilen Sie Ihre Deutung einer Situation oder Sache einem anderen Menschen mit, geben Sie ihr auch ein Gewicht. Sie halten Ihre Interpretation der Sache für zutreffender als eine andere. Deshalb sollte auch Ihre Interpretation akzeptiert werden.

Denken Sie daran, wie bedeutende Fotografen ihre Sicht der Welt durch ihre Aufnahmen vermitteln. Sie wählen einen bestimmten Bildausschnitt, um ihre Botschaft zu verdeutlichen. Die neuen Sichtweisen unterscheiden sich von der früheren Sicht nicht durch das, was sie hervorheben, sondern auch dadurch, was sie weglassen.

Sprache und Denken

Sprache und Denken sind Schlüssel, um neue Sichtweisen zu entwickeln. Das Denken ist für den notwendigen geistigen Einordnungsprozess erforderlich. Erst dann können Sie die Bewertung vornehmen.

Beispiel:
Ein Klempner gräbt im Garten einer Familie, um ein undichtes Abflussrohr freizulegen. Die Hausfrau sagt dazu: „Wie können Sie diesen ekelhaften Gestank nur aushalten?“ Darauf antwortet der Klempner: „Für einen Klempner riecht das wie Eier und Speck.“

Was besagt die Aussage des Klempners? Er deutete offenbar die Situation so, dass sie ihm zu wirtschaftlichem Erfolg verhilft. Die schönen Dinge, die er damit verknüpft, helfen ihm, das Unangenehme bei der Arbeit zu ertragen. Er denkt nicht an die negativen, sondern an die positiven Aspekte der Situation.

Was ist hierbei erfolgt? Das Bild, der Aspekt „ekelhafte Situation“ wurde durch den Aspekt „Eier und Speck“ ersetzt. Die Auswahl der Worte bestimmt somit, welche Deutung sie erzeugen.

WICHTIG: Sprache hilft Ihnen, bestimmte Aspekte einer Situation ins Bewusstsein zu holen, die vorher eher vage wahrgenommen wurden. Mit Sprache ordnen Sie die Welt, sie hilft Ihnen, Dinge besser einzuordnen. Sprache bewirkt sogar noch mehr. Da Ihr Gedächtnis mit der Macht der Sprache funktioniert, hilft Ihnen die Sprache beim Erinnern. So vermögen Sie Informationen abzurufen.

Querdenken

Bemühen Sie sich, eingefahrene Denkweisen aufzubrechen. Versuchen Sie, Sachverhalte und Situationen einmal anders zu sehen. Denken Sie über alternative Problemlösungen nach. Ziehen Sie alternative Lebensentwürfe in Betrachtung. Denken Sie nach, was am Richtigen falsch und am sogenannten Falschen richtig sein könnte. Querdenken ist das Schlagwort.

Wie notwendig es ist, sich von Fixierungen zu trennen, betont auch Friedrich Nietzsche. So lässt er Zarathustra sagen: „Man muss noch Chaos in sich haben, um einen tanzenden Stern gebären zu können." Und der Buddhismus sieht das Anhaften als ein Hindernis an, in der eigenen Entwicklung voranzuschreiten.

TIPP:

Sowohl Denken als auch Sprechen sind für das Beeinflussen erforderlich. Wollen Sie zum Beispiel eine neue Deutung einer Situation entwickeln, müssen Sie zunächst gründlich darüber nachdenken. Erst danach haben Sie eine Botschaft, die Sie vermitteln können. Jede neue Situation verlangt eine neue Differenzierung.

Manipulation mit neuen Deutungen

Manche Menschen glauben, neue Sichtweisen zu entwickeln, sei bereits Manipulation. Das stellt jedoch nicht das Problem dar. Neue Sichtweisen zu entwickeln ist weder gut noch schlecht. Vielmehr kommt es auf die Absichten an, die dahinter stehen. Werden neue Erklärungsmuster ausprobiert, geht es nicht um Manipulation. Es ist vielmehr notwendig, plausible und neue Interpretationen der Wirklichkeit vorzunehmen.

Neue Sichtweisen wirkungsvoll vermitteln

Will der Künstler sein Erlebnis und seine Botschaft in einem Bild ausdrücken, steht ihm eine große Farbpalette zum Malen zur Verfügung. Wenn Sie Ihrem Gegenüber eine bestimmte Sichtweise vermitteln wollen, haben Sie viele Worte und Symbole zur Auswahl. Sie haben die Möglichkeit, Bilder zu verwenden, die leicht verstanden werden. Zudem können Sie auch solche Bilder verwenden, die den Zuhörer dazu bringen, nachzudenken und zu rätseln.

Techniken für neue Sichtweisen-Erklärungsmuster

Sprache ermöglicht Ihnen, bestimmte Aspekte einer Situation klar ins Bewusstsein zu bringen, die vorher gar nicht oder nur vage wahrgenommen wurden.

Metaphern
Metaphern helfen, neue Sichtweisen zu erkennen, indem sie Verbindungen zwischen verschiedenen Begriffen, Dingen oder Themen herstellen. Sie zeigen Ähnlichkeiten und fügen neue Bedeutungen hinzu. Das geschieht viel klarer als mit anderen Formen der Beschreibung. Metaphern ermöglichen es, eine Sache im Vergleich zu anderen leichter zu verstehen, sie gut einordnen zu können und ihr Verständnis zu verbessern. Generell werden Metaphern gerne gelesen und gehört, weil ausdruckstarke Bilder sehr beeindrucken.

Kontraste
Das Thema wird noch mehr verdeutlicht, da das Gegenteil mit in die Betrachtung gerückt wird. Manchmal ist es leichter zu sagen, was nicht ist, als genau zu erklären, was ist.

Schlagworte
Schlagworte dienen dazu, Bezug zu Bekanntem herzustellen.

Geschichten
Geschichten erzeugen große Aufmerksamkeit. Oft sind sie den Zuhörern noch nach Jahren im Gedächtnis. Geschichten sind oft länger als Metaphern, Schlagworte, Kontraste oder Spins.

Spin
Der Spin stellt ein Thema im besonders positiven, aber auch in einem schwachen negativen Licht dar. Spins folgen einem festen Aufbau: Positive Darstellung – geringfügige Nachteile nennen – positive Darstellung.

Metaphern, Schlagworte, Geschichten und Spin werden in den folgenden Abschnitten des Kapitels ausführlicher besprochen.

Metaphern

Metaphern sind besonders in der Literatur ein häufig verwendetes Stilmittel. Was ist eine Metapher? Eine Metapher ist die Verknüpfung eines Sachverhalts mit einem sprachlichen Bild. Das Bild stammt aber nicht aus dem gleichen Kontext. Die Metapher gibt zwar eine Ähnlichkeit vor, doch muss diese nicht immer gegeben sein. Dieser zusätzliche Inhalt zwischen Ähnlichkeit und Gleichem ist die Botschaft.

Beispiel:
Als sich Franz Josef Strauß wieder einmal über den Finanzminister ärgerte, warf er ihm vor: „Genauso wenig wie sich ein Hund einen Wurstvorrat zulegen kann, genauso wenig können Sie mit Geld umgehen."

Horizonterweiterung

Logisch gesehen lässt sich mit Beispielen und Vergleichen nichts beweisen. Vereinfachungen bewirken jedoch Klarheit. Sie lösen große Aufmerksamkeit aus und beeinflussen stärker als ganze Beweisketten. Oft ist die geistige Leistung dabei größer, als komplizierte Beweisketten zu entwickeln.

Metaphern helfen Ihnen, ein Thema in Begriffen eines bereits bekannten Zusammenhangs zu verstehen, so dass Sie es plötzlich in einem für Sie ganz neuen Zusammenhang sehen können.

WICHTIG: Durch den ausgesprochenen Vergleich bringen uns Metaphern dazu, neue Denkmuster zu erkennen. Diese Erkenntnis wird durch keine andere Form der Beschreibung erreicht. Metaphern schaffen neue Blickweisen auf die Realität, sie entwickeln Ideen, Menschen und Prozesse besser zu beschreiben.

Aber: Verwenden Sie keine ausgeblichenen Bilder. Ausgeblichene Bilder auf den Kopf zu stellen, ist nach Schneider sogar ein Kunstgriff.

Beispiele:
- So sagt der serbische Satiriker Brana Crucevic: „Mich hat man mehrmals mit der Kehrseite einer Medaille ausgezeichnet."
- Karl Kraus verspottete einst einen Zeitgenossen, der sich rühmte, 20 Sprachen zu beherrschen mit den Worten: „Wenn sich 20 Sprachen von Herrn Hauser beherrschen lassen, so geschieht es ihnen recht."

TIPP:

Wählen Sie Ihre Worte genau, wenn Sie bei einer Präsentation eine Metapher verwenden. Gehen Sie dabei übertrieben vor, erwecken Sie den Eindruck, ein überschäumender Gefühlsmensch ohne viel Vernunft zu sein. Testen Sie daher Ihre Worte und Metaphern erst bei Kollegen, bevor Sie diese anwenden.

Das Kompliment „Du bist wie eine wunderschöne Melodie aus einem Liebeslied" wird wahrscheinlich Ihre Partnerin beeindrucken, den Kunden jedoch eher abstoßen.

Beispiele:

- Als die Eurokrise im Sommer 2011 ihren Höhepunkt erreichte, wählte ein Banker im Fernsehen folgende Metapher: „Die Situation entspricht der Bergbesteigung einer Seilschaft. Stürzt ein Bergsteiger ab, so kann die Seilschaft ihn noch halten. Stürzen mehrere, so reißen sie alle ins Verderben."
- Zufällig begegnete der Literaturnobelpreisträger George Bernard Shaw (1856–1950) auf der Straße einem Kritiker, der seine Arbeiten häufig verrissen hatte. Nach wenigen Worte sagte Shaw: „Sie kommen mir vor wie das Gegenstück von einem Hahn." „Was soll denn das wieder bedeuten?", fragte der Kritiker. „Das ist doch ganz einfach", lächelte der Spötter. „Ein Hahn scharrt in einem Haufen Mist, um ein Körnchen zu finden. Sie aber scharren in einem Körnerhaufen, um ein Stück Mist zu finden."
- Im Jahr 2001 warf die Opposition dem Bundesfinanzminister Eichel vor: „Herr Eichel, Sie wussten schon vor der Bundestagswahl, dass die Prognosen schlechter sind, als Sie es dargestellt hatten, Sie haben die Wähler betrogen." Eichel sagte dazu: „Nur weil im Sommer wenige Wolken am blauen Himmel stehen, müssen sie noch lange keine Prognose für eine Schlechtwetterperiode darstellen."
- Einst drohten die Veranstalter der Frankfurter Buchmesse damit, die Messe in Zukunft nicht in Frankfurt, sondern in München durchzuführen. Der damalige hessische Ministerpräsident Roland Koch sagte: „Die Bildung gehört in die Stadt der Weisheit und nicht in die Stadt der Weißwürste."
- Hans-Jochen Vogel, von 1960 bis 1972 Oberbürgermeister von München, wurde als Sohn bayrischer Eltern in Göttingen geboren. Seine politischen Gegner und Parteifeinde warfen ihm vor: „A Schand, unser OB is a Preiß." Vogel antwortete: „Wenn ein Pferd im Kuastoi geboren is, is es dann a Pferd oder a Kuah?"
- Mark Twain: „Ein Bankier ist ein Mensch, der seinen Schirm verleiht und ihn sofort zurückhaben will, wenn die Sonne scheint."

Metaphern entwickeln

Greifen wir zur Veranschaulichung auf die Metapher zur Eurokrise zurück. Was ist dabei die Grundsituation, die charakteristisch für viele andere Situationen ist?

Streben die Mitglieder einer Gemeinschaft ein gemeinsames Ziel an, haben sie sich alle zur Einhaltung bestimmter Regeln zu verpflichten. Tun das mehrere nicht, wird das Ziel verfehlt und alle Mitglieder haben den Schaden.

Die Grundsituation des Euro ist mit einer Bergbesteigung vergleichbar:

- das Ziel „stabiler Euro" → Gipfelbesteigung
- das Einhalten von Verbindlichkeiten → kein Straucheln oder Abstürzen der Bergsteiger

• Hält sich nur ein Mitglied nicht an die Anforderungen (Stabilitätsregel), können die anderen das noch ausbügeln.	→ Stürzt ein Bergsteiger, vermag die die gesamte Gruppe der Seilschaft ihn noch zu halten.
• Halten sich mehrere Mitglieder nicht an die Anforderungen (Stabilitätsregel), vermögen die restlichen Mitglieder das nicht mehr zu kompensieren.	→ Stürzen mehrere Bergsteiger ab, können die anderen die Abstürzenden nicht mehr halten und werden mit in die Tiefe gerissen.
• Der Euro bricht zusammen und führt zum Ruin aller.	→ Alle Bergsteiger stürzen ab.

TIPP:

Gehen Sie bei der Entwicklung von Bildern wie folgt vor: Arbeiten Sie die Grundsituation heraus, das heißt das Typische. Haben Sie diese Abstraktion vorgenommen, suchen Sie nach konkreten Situationen, die die Grundsituation spiegeln. Sagen Sie „Das ist wie ..." und bringen dann den Vergleich, oder „Das entspricht ..." und nennen dann das Beispiel.

Matthias Pöhm hat in seinem Buch „Kontern in Bildern" Beispiele für die Entwicklung von über 100 Metaphern geschildert. Mit diesen Beispielen können Sie gut das Entwickeln von Metaphern üben.

Schlagworte und Sprichwörter

Schlagworte sind kurz, einprägsam und enthalten eine komprimierte Aussage.

Beispiele:
- 1989 wurden bei den Montagsdemonstrationen in Leipzig die Schlagworte geschaffen: „Wir sind das Volk. Wir bleiben hier."
- Im US-amerikanischen Wahlkampf stellte Barack Obama den Slogan auf: „Yes we can."

Klare, einfache und verständliche Aussagen setzen sich durch und beeinflussen mehr als umfangreiche und wissenschaftlich begründete Feststellungen.

Sprichworte werden im Sprachschatz von Generation zu Generation weitergegeben. Sie sind stets in Form eines abgeschlossenen Satzes formuliert, der nicht verändert wird.

Beispiele:
- Verschiebe nicht auf morgen, was du heute kannst besorgen.
- Hunger ist der beste Koch.
- Übung macht den Meister.

Eine Redensart dagegen ist kein selbstständiger Satz, sondern muss mit einem anderen Satz verbunden werden.

Beispiele:
- Jemandem blauen Dunst vormachen.
- Den Teufel durch Beelzebub austreiben.
- Den Bock zum Gärtner machen.

Das Sprichwort enthält in kurzer Form eine allgemeingültige Erfahrung. Da Redensarten keinen vollständigen Satz darstellen, lassen sie sich einfach in einen jeweiligen Satz einbauen. Menschen lassen sich oft in unsicheren Situationen durch ein Sprichwort leiten. Der in einem Sprichwort enthaltene Inhalt vermittelt ihnen zwar einen alten Erfahrungsschatz, dennoch ist jede Situation neu. Auch bei einer Redensart muss hinterfragt werden, ob sie für die Situation zutrifft.

TIPP:

Setzen Sie zur Beeinflussung Schlagwörter und Sprichworte ein.

Geschichten

Oft treffe ich in Seminaren auf Leser meiner Bücher und staune immer wieder, wie genau sie sich an eine Geschichte aus diesen Büchern erinnern. Geschichten faszinie-ren nicht nur Zuhörer beim Seminar. Allgemein werden Menschen sehr aufmerksam, wenn sie eine Geschichte hören. Geschichten sind größere sprachliche Einheiten als Metaphern, Schlagworte oder Kontraste.

Um den Einfluss des Denkens auf die Gefühle zu veranschaulichen, greife ich immer auf folgende Geschichte zurück.

Beispiel:
Kohn wohnt in Amsterdam. Er liegt im Bett und kann nicht einschlafen. Er wälzt sich im Bett von einer Seite zur anderen. Seine Frau liegt neben ihm, ist beunruhigt und fragt: „Ist dir nicht gut, soll ich dir eine Erfrischung bringen?“ Er antwortet: „Davon wird mir auch nicht besser. Ich muss dem Nachbarn Rot morgen 1.000 Gulden zurückgeben und die habe ich nicht.“ „Lass mich das machen“, erwidert die Frau. Sie steht auf, geht zum Fenster, öffnet es und ruft durch die Dunkelheit zum Nachbarhaus: „Rot, Rot, hörst du mich?“ Nach einiger Zeit öffnet Rot sein Fenster und ruft zurück: „Was ist denn?“ Darauf schreit sie durch die Finsternis: „Rot, mein Mann kann dir morgen nicht die 1.000 Gulden zurückgeben.“ Dann schließt Frau Kohn das Fenster und legt sich wieder neben ihren Gatten ins Bett. Bestimmend sagt sie nun zu Kohn: „So, gib nun Ruhe. Jetzt ist es Rot, der nicht schlafen kann.“

Gail Fairhurst und Robert Sarr erzählen in ihrem Buch die Geschichte des kleinen Willi, die verdeutlicht, wie wichtig Teamarbeit ist.

Beispiel:
Willi musste bislang immer kurze Hosen tragen, er wünschte sich jedoch eine lange Hose. Um ihm diesen Wunsch zu erfüllen, kaufte ihm seine Mutter eine lange Hose zu Weihnachten. Nur war die Hose 15 Zentimeter zu lang und die Mutter hatte keine Zeit, die Hose vor dem Fest zu kürzen. Gemeinsam mit Willis Schwester und seiner Großmutter packten sie die Geschenke und die Hose ein und legten sie unter den Weihnachtsbaum. Die Mutter löschte das Licht und ging zu Bett. Jedoch musste sie immer daran denken, wie enttäuscht Willi sein würde, wenn er seine lange Hose nicht zu Weihnachten tragen konnte. Deshalb stand sie um Mitternacht wieder auf, ging nach unten und kürzte die Hose um 15 Zentimeter. Etwa um 1 Uhr machte die Großmutter das Gleiche und auch um 2 Uhr kürzte die Schwester die Hose noch einmal. Am nächsten Morgen probierte Willi die Hose an. Er war tief enttäuscht, weil die Hose noch kürzer war als die Hosen, die er sonst tragen musste.

Die Geschichte veranschaulicht, dass es notwendig ist, sich Mühe zu geben. Doch noch wichtiger ist Kooperation, damit die Mühe nicht umsonst ist.

Geschichten von eigenen Erfahrungen haben ebenfalls eine große Überzeugungskraft.

Beispiel:
Der Gruppenleiter Max ist beunruhigt, weil sein Mitarbeiter Tim zwar sehr gute Leistungen bringt, doch zu anderen Mitarbeitern kein Wort spricht. Max sieht das Klima in der Gruppe gestört und spricht deshalb mit Tim.

Max zu Tim: „Während meiner ersten Jahre im Unternehmen war ich so wie Sie. Ich war der Meinung, wenn ich nicht ununterbrochen arbeite, sei das nicht genug. Wenn ich Sachen brauchte, ging ich ins Büro. Ich sagte, was ich brauche. Doch mehr redete ich nicht. Schließlich meinte ich, ich sei hier zum Arbeiten und nicht zur Unterhaltung. Später sagten mir die Damen, ich behandle sie so, als ob sie völlig unwichtig seien, doch das war nicht meine Absicht. Wie ich heute sehe, mussten die Damen das Bild von mir bekommen." Tim: „Die Schilderung Ihres Verhaltens trifft auch auf mich zu. Ich vermute, das wollten Sie mir sagen." Die Geschichte veranlasste Tim, sein Verhalten zu verändern.

Halten wir fest: Geschichten wecken unsere Aufmerksamkeit. Sie fesseln uns und regen uns an, etwas auf andere Art zu betrachten. Außerdem wecken sie Gefühle.

Spin

Bei einer Beeinflussung können Sie mit dem Sprichwort konfrontiert werden: „Jede Medaille hat zwei Seiten.“ Der Sprecher will damit meistens zum Ausdruck bringen, dass jede Seite einen positiven und einen negativen Aspekt hat. Um sich nicht dem Verdacht auszusetzen, einen Sachverhalt nur schönzufärben, ist es manchmal nützlich, selbst einen negativen Punkt zu erwähnen, der im Verhältnis zu den positiven Aspekten geringfügig ist.

Der Aufbau Ihrer Beeinflussung erfolgt dann folgendermaßen:
1. Positive Aspekte darstellen
2. Geringfügigen negativen Aspekt erwähnen
3. Weitere positive Aspekte ins Gespräch bringen

Es erfolgt ein Wechsel von positiv zu schwach negativ, anschließend wird zum Positiven „zurückgedreht“. Dafür wird die Bezeichnung Spin verwendet. Wird das Positive oder auch das Negative überzogen, verlieren Sie an Glaubwürdigkeit.

Beispiel:
Eine Frau will ihren Mann dazu beeinflussen, ein Einfamilienhaus zu kaufen. Sie sagt: „Es wäre herrlich, im eigenen Haus zu wohnen. Du hättest dein Hobbyzimmer, ich könnte im Garten Gemüse und Blumen pflanzen, an denen wir uns alle erfreuen. Wir hätten nicht mehr den Lärm der Nachbarn im Mietshaus und wir würden im Alter mietfrei wohnen. Natürlich müssten wir einige Jahre sparen und könnten auch nicht mehr teure Reisen unternehmen. Wenn wir dann im Haus wohnen und bei schönem Wetter im Garten sitzen, werden wir die Reisen nicht sehr vermissen. Wir werden ein ganz neues Lebensgefühl erleben.“

Mehr erreichen mit weniger Worten

Reden Sie zu viel, schaden Sie Ihrer Sache und sich selbst: Je mehr Sie reden, desto eher kommt Ihnen eine Dummheit über die Lippen. Es muss nicht gleich so extrem sein, wie in folgendem Beispiel.

Beispiel:
Nachdem Zar Nikolaus I. den russischen Thron bestiegen hatte, brach ein Aufstand aus. Die Aufständischen verlangten, das Land zu modernisieren. Den Aufstand ließ Nikolaus I. niederschlagen, die Anführer erhielten die Todesstrafe. Einer der Verurteilten war Rylejew. Bei der Hinrichtung riss jedoch der Strick des Galgens und Rylejew stürzte lebendig zu Boden. Zu jener Zeit wurde ein solches Ereignis

als göttliche Fügung angesehen. Der Verurteilte wurde begnadigt. Da Rylejew zu Recht annahm, er sei nun gerettet, wurde er übermütig und rief: „In Russland können sie gar nichts richtig machen, noch nicht einmal einen Strick drehen." Sofort eilte ein Bote zum Zaren und erzählte ihm von der missglückten Hinrichtung. Nikolaus I. war darüber zwar verstimmt, doch er unterzeichnete die Begnadigung. Dann interessierte es den Zaren, was Rylejew zu dem Wunder gesagt habe. Der Bote antwortete wahrheitsgemäß: „Majestät, er sagte, dass man in Russland noch nicht einmal wisse, wie man einen Strick drehe." Der Zar entgegnete: „In diesem Fall wollen wir ihm das Gegenteil beweisen." Der Zar zerriss die Begnadigung. Rylejew wurde am folgenden Tag gehenkt. Diesmal riss der Strick nicht.

Zugegeben, das ist ein sehr extremes Beispiel. Überlegen Sie bitte: Fallen Ihnen Situationen ein, wo es besser gewesen wäre, nichts zu sagen? Hat es Ihnen geholfen, wenn Sie zu viel geredet haben? Sind die Worte Ihrem Mund erstmal entschlüpft, können Sie diese nicht mehr zurücknehmen.

WICHTIG: Spott und Ironie sind selten angebracht. Die kurze Befriedigung, die Sie damit erreichen, ist den Preis nicht wert, den Sie dafür zu entrichten haben.

TIPP:

Versuchen Sie nicht, mit vielen Worten zu beeindrucken. Je mehr Sie reden, desto weniger persönlichkeitsstark wirken Sie. Vieles Reden empfinden Menschen als „machtlose Sprache". Wenn Sie viel reden, steigt die Gefahr, etwas Unpassendes zu sagen. So sagten schon die Römer: „Wenn du geschwiegen hättest, wärst du Philosoph geblieben."

Um das Ziel zu erreichen, weniger zu reden, ist eine Kontrolle Ihres Gesprächsverhaltens erforderlich. Das Ziel erreichen Sie nur, wenn Sie langsamer sprechen und Pausen machen. Nur dann ist nämlich die Kontrolle Ihres Gesprächsverhaltens möglich.

Langsamer sprechen

Schnellsprecher sind schwer zu verstehen. Sie lassen Ihnen auch nicht die Zeit zum Denken. Daher wirken Schnellsprecher oftmals sehr dominant. Langsameres Sprechen ist nicht so schnell zu lernen. Schnelles Sprechen ist schon eine eingefahrene Gewohnheit. Die Veränderung solcher Gewohnheiten führt anfänglich zu Unbehagen. Gehen Sie zum Erreichen des Ziels in Schritten vor.

TIPP:

Üben Sie zunächst, in einigen Aussagen langsamer zu sprechen. Üben Sie das Langsamsprechen möglichst oft bei allen Gelegenheiten. Sprechen Sie außerdem einen Text in der Ihnen geeignet erscheinenden Geschwindigkeit laut auf Band.

Ihre Gewohnheit wird Sie dazu bewegen wollen, in Ihrem üblichen Tempo zu sprechen. Geben Sie dem Druck nicht nach, selbst wenn Sie bei der Übung ein unangenehmes Gefühl verspüren. Das ist fast immer die Begleiterscheinung dafür, wenn eine Person eine Verhaltensänderung trainiert.

Hören Sie sich die Aufnahme an. Sie werden feststellen, dass sich Ihre Sprechgeschwindigkeit gar nicht so langsam anhört, wie Sie das vielleicht beim Sprechen empfunden haben.

Die Erfahrung zeigt: Selbst wenn manche Menschen nur eine Pause von einer drittel oder halben Sekunde machen, glauben sie schon, das hätte mehrere Sekunden gedauert.

Pausen machen

Sie werden nur dann weniger und auch substanzvoller reden, wenn Sie Pausen machen. Warum ist das so? Bei vielen Menschen ist das Sprechverhalten ein Automatismus, der schwer anzuhalten ist. Es wird schnell und vor allem ohne Pausen gesprochen, so dass überhaupt nicht mehr die notwendige Zeit bleibt, vorher zu überlegen. Viele Menschen hoffen, dass ihnen während des Sprechens die richtigen Ideen kommen. Doch das ist beim ausgesprochenen Sprechdenken nicht der Fall.

Langsamer sprechen ist nur möglich, wenn Sie auch Pausen machen. Pausen wirken persönlichkeitsstark und verschaffen Ihnen die Möglichkeit, vor dem Sprechen zu überlegen.

TIPP:

Trainieren Sie die Pausentechnik. Voraussetzung dafür ist allerdings, das Langsamsprechen annähernd zu beherrschen. Die Pausentechnik bringt Ihnen viele Vorteile. Sie gewinnen Zeit zum Überlegen. Schon bald werden Sie feststellen, dass Ihnen die Pausentechnik zu einer besseren Gefühlssteuerung verhilft. Pausen ermöglichen Ihnen ein überlegeneres Sprechverhalten.

Einen weiteren Vorteil der Pausentechnik möchte ich Ihnen nicht vorenthalten: Seit vielen Jahren führe ich Trainings in Gesprächsführung und Dialektik durch. Bisher konnte ich nie feststellen, dass jemand ohne Pausentechnik gute Fragen stellte, Defizite in der Logik und Prämissen des Gesprächspartners erkennen konnte.

Das „Wie“ ist wichtiger als das „ Was“

Wie ist Ihre Reaktion auf folgende Sätze?

- Satz 1: „Ich denke, wir könnten … äh … und wir werden irgendwie auf dem Markt … äh … vielleicht einen Erfolg haben.“
- Satz 2: „Wir können und wir werden auch auf dem Markt Erfolg haben.“

Satz 1 wirkt sehr unsicher, auch die darin enthaltene Aussage vermittelt keine Gewissheit. Satz 2 vermittelt dagegen einen ganz anderen Eindruck. Satz 1 wird als „machtlose Sprache“ bezeichnet.

In den USA wurden zur Wirkung einer solchen „machtlosen Sprache“ Studien durchgeführt. Dabei hörten Männer und Frauen die Zeugenaussagen von männlichen und weiblichen Zeugen. Einmal wurde dafür der „machtlose Sprachstil“, das andere Mal die „machtvolle Sprachform“ verwendet. Das Ergebnis war unabhängig davon, ob die gleiche Aussage auf Tonband oder in schriftlicher Form vorlag. Immer erhielt die „Machtsprache“ die höhere Glaubwürdigkeit als die „machtlose Sprache“ zugesprochen.

Machtlose Sprachformen

1. Einschränkungen: eventuell, unter Umständen, vielleicht, ein bisschen, irgendwie, mehr oder weniger
   Hierbei wird der eigene Einsatz abgeschwächt.
2. Verstärker: ganz sicher, sehr sicher, absolut
   Solche Worte sollen zwar die Stärke einer Aussage betonen, doch sie bewirken das Gegenteil.
3. Füllworte: äh, sehr, wir wollen sehen, wie Sie wissen
4. Frageformen: Obwohl der Satz keine Frage ist, wird am Ende die Stimme gehoben: Ich habe die Post abgeschickt?

Sie werden Ihre Persönlichkeitsstärke und Glaubwürdigkeit steigern, wenn Sie die „machtlosen Sprachformen“ nicht mehr verwenden. All diese Ausdrücke und das Anheben der Stimme bei einer Frage zeigen einen starken Mangel an Selbstvertrauen.

TIPP:

Streichen Sie Füllwörter, Einschränkungen, Verstärker und nicht passende Frageformen aus Ihrem Sprachschatz.

Viele Menschen haben Schwierigkeiten, den Inhalt der Aussagen von dem zu trennen, wie sie vorgebracht werden. Über die Glaubwürdigkeit wird auf einer sehr feinen Ebene entschieden. Machtlose Sprache hat darauf einen beachtlichen Einfluss. Kommen wir in diesem Zusammenhang auf das Langsamsprechen und das Pausenmachen zurück. Beide Techniken unterstützen Sie darin, die unliebsamen Wörter und Sprachformen nicht mehr zu verwenden.

Positive Sprache

Wenn Sie diesen Abschnitt lesen, denken Sie bitte nicht an einen weißen Elefanten. Nun? Woran haben Sie gerade gedacht? Natürlich an den weißen Elefanten. Warum ist das passiert? Das Unterbewusstsein denkt nur in Bildern. Für „nicht", „nie", „keine" usw. gibt es keine Bilder. Ihr Unterbewusstsein kann das Wort „nicht" nicht hören. Wenn Sie jemand bitten oder auffordern, etwas nicht zu tun, beschwören Sie ein Bild und ein Handeln herauf, das Sie verhindern wollen.

Nehmen wir an, Sie sind mit Ihrem Partner beim Skilaufen. Sie rufen: „Fall nicht hin!" Was wird dann häufig geschehen? Der Partner fällt hin. Sagen Sie vor dem Zahnarztbesuch zu Ihrem Kind: „Du musst keine Angst haben", verstärken Sie die Angst, weil das Kind das Wort Angst hört.

WICHTIG: Vermeiden Sie Verneinungen. Menschen erwarten ein Ja, kein Nein. Natürlich darf der Ratschlag nicht angewandt werden, wenn jemand eine Erwartung nicht erfüllen will, zum Beispiel: „Ich komme nicht."

Allgemein ist das direkte Ansprechen des Sachverhaltes die beste Lösung. Solche direkten Botschaften – positive Aussagen sind zum Beispiel:

- „Du kannst Skifahren."
- „Es wird gut, du wirst dich besser fühlen."

Diese Sätze wirken beim Gegenüber angenehmer als Befehle. In jedem Fall ist die doppelte Verneinung zu vermeiden, wie zum Beispiel: „Ich habe keine Zeit nicht" oder „nicht unvermögend". Neulich sagte ein Reporter bei einer Sportsendung über die Leistungen von Spielern: „Gar nicht so schlecht." Da er das mehrfach im Laufe des Spiels wiederholte, fiel es natürlich besonders auf. Wesentlich besser wäre die Formulierung: „Gut gemacht" oder noch besser: „ausgezeichnet". Bringen Sie deshalb statt negativen positive Formulierungen.

Hier noch weitere Beispiele für Umformulierungen in positive Texte:

Beispiele:

- Dafür bin ich nicht zuständig. → Zuständig ist Herr ...
- In dieser Woche geht es nicht. → Es geht in der nächsten Woche ...
- Das ist nicht meine Schuld. → in Vorschlag zur Lösung ist ...
- Da haben Sie mich nicht richtig verstanden. → Ich werde mich klarer ausdrücken.
- Nein, das stimmt nicht. → Ich schlage vor, wir klären den Sachverhalt.
- Regen Sie sich nicht auf. → Ich verstehe Ihren Ärger.
- Darüber weiß ich nichts. → Ich spreche mit unserem Experten und geben Ihnen Nachricht.

TIPP:

Bringen Sie positive Formulierungen, vermeiden Sie negative. Wenden Sie diesen Tipp an, werden Sie bald feststellen, dass ein solcher Sprachgebrauch Sie gleichzeitig zum positiven Denken erzieht. Sehr zu empfehlen ist, noch mehr für die eigene Sprache zu tun. Schneider hat zu dem Thema mehrere ausgezeichnete Bücher geschrieben. Als Einstieg empfehle ich „Deutsch fürs Leben. Was die Schule zu lehren vergaß".

Zauberworte

Ich verrate Ihnen ein Geheimnis

Die Worte „Ich verrate Ihnen etwas" lösen bei Menschen ein besonderes Interesse aus. Cialdini beschreibt in seinem Buch „Die Psychologie des Überzeugens", wie der Kellner Vincent damit mehr Trinkgeld erhielt.

Beispiel:

Vincent wandte die Taktik nach Beobachtungen von Cialdini immer bei Gruppen von zehn bis zwölf Personen an. Wenn die erste Person der Gruppe die Bestellung aufgab, begann er mit der Taktik. Er warf einen raschen Blick über die Schulter zum Manager, beugte sich geheimnisvoll über den Tisch und sagte mit leiser Stimme zum Besteller: „Ich verrate Ihnen etwas. Das von Ihnen ausgesuchte Gericht ist heute nicht so gut wie sonst. Darf ich Ihnen dafür X oder Y empfehlen?" Die von Vincent empfohlenen Gerichte waren sogar noch etwas preiswerter als die anfangs ausgesuchten. Dadurch erweckte der Kellner den Eindruck, er habe den Gästen mit diesen Informationen einen besonderen Gefallen getan. Das zahlte sich später für Vincent nach der Reziprozitätsregel aus. Da er sein Wissen – sein Geheimnis – mit den Gästen teilte, hatte er ihr Vertrauen gewonnen. So folgten die Gäste auch seinen Empfehlungen zu teuren Weinen und zu einem exquisiten Nachtisch. Die Kombination der „Geheimnis"- mit der Reziprozitätstechnik verhalf Vincent zu einem hohen Trinkgeld – in den USA werden Kellner nämlich nach dem Wert der Bestellungen bezahlt.

Das Wort „oder"

Das Wort „oder" schafft große Möglichkeiten bei der Beeinflussung. Wenn der Kellner beim Frühstück fragt: „Möchten Sie ein hart oder ein weich gekochtes Ei?", wird oft eine von beiden Möglichkeiten gewählt. Die Frage: „Wünschen Sie ein Ei?" ist nicht so erfolgreich. Gehen Sie einen Anzug kaufen, fragt der Verkäufer: „Wünschen Sie nur den Anzug oder auch das entsprechende Hemd und die passende Krawatte dazu?"

Das Wort „oder" hat noch mehr Möglichkeiten. Hängen Sie das Wort „oder" an eine Frage, wird Ihre Frage häufig verneint: „Möchtest du heute ins Kino gehen oder …?" Dabei ist die Stimme anzuheben.

Versuche haben gezeigt: Sie können Ihre Erfolgschancen zum Nein erheblich erhöhen, wenn Sie dabei den Kopf schütteln. Nicken Sie jedoch dazu, erhöhen Sie Chancen zum Ja.

Sie oder du?

Jeder Mensch schätzt es, direkt angesprochen zu werden. Nutzen Sie diese Tatsache, indem Sie Ihr Gegenüber mit du oder Sie ansprechen. Sprechen Sie Ihr Gegenüber mit Namen an, fühlt er sich geschätzt.

Schon als kleines Kind hörten Sie oft Ihren Vornamen und assoziierten ihn mit Aufmerksamkeit und Zuwendung. Sprechen Sie eine Person mit ihrem Nachnamen an, vermitteln Sie Respekt.

Beispiele:
„Heinz, willst du einen Spaziergang unternehmen?"
„Herr Müller, haben Sie sich die Unterlagen angeschaut?"
„Brauchen Sie noch weitere Beweise, Herr Meyer?"

Das Wort „weil"

Das Wort „weil" hat für uns eine ganz besondere Bedeutung. Schon als Kinder hörten wir Gebote und Verbote mit der Begründung „weil" oder „denn".

Beispiel:
Die Psychologin Ellen Langer führte zum Wort „weil" Untersuchungen mit Menschen durch, die vor dem Kopierer der Universitätsbibliothek warteten. Als die Psychologin die Bitte vorbrachte: „Würden Sie mich vielleicht vorlassen?", erfüllten 60 Prozent der Befragten ihre Bitte. Als sie jedoch die Bitte in folgender Form stellte: „Würden Sie mich vielleicht vorlassen, weil ich etwas kopieren muss?", taten ihr 93 Prozent den Gefallen. Fragte sie: „Ich habe nur fünf Seiten. Würden Sie mich bitte vorlassen, weil ich etwas kopieren muss?", erfüllten ihr auch 93 Prozent die Bitte. Wird das Wort „weil" ohne die Begründung verwendet, löst es eine automatische Einwilligung aus.

WICHTIG: Verwenden Sie das Wort „weil", werden Sie leichter beeinflussen.

Weitere Wörter, die beim Beeinflussen helfen, sind Begriffe wie Nutzen, Vorteil, wertbeständig, Sicherheit, neu, wissenschaftlich bewiesen, Garantie, Vertrauen, verbessern, Investition.

TIPP:

Setzen Sie Zauberwörter ein – Worte mit ganz besonderer Bedeutung. Dazu zählt zum Beispiel: „Ich verrate Ihnen ein Geheimnis."

Nutzen Sie Satzkonstruktionen mit den Worten „oder", „denn", „weil".

Der Name Ihres Gegenübers und die Worte du oder Sie sind Schlüssel zum Herzen des Mitmenschen.

Tabuworte

Sie lernten bereits Worte kennen, mit denen Sie keinen vorteilhaften Eindruck machen. Hier soll es nicht um das umfangreiche Gebiet der Modewörter und Klischees gehen, sondern wir widmen uns den Wörtern „aber", „man", „eigentlich", „immer" und „schon wieder", „nie" sowie der Formel „Ich will Ihnen ganz ehrlich sagen …".

Aber

Sie hören „aber" oft in Kombination mit „Ja, aber …". Sicherlich kennen Sie die Situation: Sie äußern eine Meinung und schon kommentiert eine andere Person diese mit „Ja, aber …". Ihr Gegenüber drückt dabei eine krasse Ablehnung aus. Der Sprecher findet noch nicht einmal ein Körnchen Wahrheit in Ihrer Aussage. Es gibt viele Menschen, die bereits aus Gewohnheit Sätze mit dem Wort „aber" beginnen. Das verschlechtert die Beziehungsebene. Verwandeln Sie das „Ja, aber …" in ein „Ja und …". Steht das „aber" mitten im Satz, ersetzen Sie es durch das Wort „und".

> *Beispiel:*
> Ungeschickt formuliert: „Die Betriebsfeier war sehr lustig, aber sie war teuer."
> Besser: „Die Betriebsfeier war lustig und sie war teuer."

Auf diese Art wird der Gegensatz im Satz in eine Gleichwertigkeit verwandelt. Wenden Sie das Wort „aber" deshalb nur an, wenn Sie einen Gegensatz herausstellen wollen.

Man

Niemand fühlt sich durch das Wort „man" angesprochen. Es ist eine Floskel, der Verbindlichkeit fehlt. Wer das Wort benutzt, tut so, als ob es sich hier um eine Norm handelt. Doch Zuhörer empfinden nicht so. Fast immer drückt sich der Sprecher vor einer eigenen Stellungnahme.

Eigentlich

Viele Menschen wenden das Wort nur noch zur Satzausschmückung als Sprechmuster an. Dann ergeben sich zum Beispiel groteske Sätze wie „Eigentlich bin ich glücklich." Vielen Menschen wird nicht bewusst, dass das Wort „eigentlich" eine Einschränkung ausdrückt. Das macht auch folgender Satz deutlich: „Eigentlich gefällt mir der Vorschlag." Das Wort „eigentlich" löst beim Gegenüber ein unangenehmes Gefühl aus. Er spürt, dass Sie es nicht so meinen, wie Sie es sagen. Deshalb: Streichen Sie „eigentlich".

Immer, schon wieder, nie

Die obigen Worte brauchen Sie oft dann, wenn Sie andere kritisieren. Die Begriffe „immer" und „nie" entsprechen häufig nicht den Tatsachen. Sie leiten unangenehme Vorwürfe ein und zerstören Beziehungen. Außer diesem Schaden haben sie keinen Nutzen. Wenn Sie Ihr Gegenüber beeinflussen wollen, verwenden Sie bitte nicht diese Worte. Geben Sie vielmehr konkrete Ereignisse und präzise Wünsche an. Dann wird auch das Wort „nie" überflüssig.

> *Beispiel:*
> „Dein Ton war mir unangenehm. Sprich bitte in derartigen Situationen freundlicher mit mir."

Ich will Ihnen ganz ehrlich sagen ...

Warum müssen Sie die Worte gebrauchen, wenn Sie sonst ganz ehrlich sind? Die Bemerkung löst beim Zuhörer unangenehme Gefühle aus. Dabei wollen Sie doch nicht so wirken. Verzichten Sie auf die Floskel, so zerstören Sie auch nicht Ihre Glaubwürdigkeit.

Ideen vermitteln

Bei der Übermittlung von Informationen und Ideen begehen viele Menschen Fehler. Dieser Abschnitt soll zeigen, was bei der Informations- und Ideenvermittlung zu beachten ist.

Kurze und spezifische Botschaften

Liefern Sie dem Gesprächspartner zu viele Informationen, kann ihn das überfordern, so dass er einen Teil der Informationen nicht aufnehmen kann – und dieser Teil könnte die wesentlichen beinhalten. Deshalb haben Sie sich auf die Aussagen zu beschränken, die der Partner auch aufnehmen kann. Die Erfahrung zeigt, dass eine Zeit von 30 Sekunden nicht überschritten werden sollte. Bereits nach dieser Zeit ist es zu empfehlen, den Partner um ein Feedback zu bitten. Erst danach werden weitere Informationen gegeben.

Die Information muss spezifisch sein. Hüten Sie sich vor Verallgemeinerungen und Abstraktionen. Ihr Gegenüber will wissen, was er sich genau vorstellen soll. Jacob Grimm nennt es „die bildhafte Bannkraft des einfachen Wortes". Wenn aber die Bedeutung des Wortes nicht eindeutig ist, muss Ihr Gegenüber Vermutungen anstellen. Das verwirrt. Außerdem erwecken Sie mit unpräzisen Formulierungen einen unsicheren Eindruck.

Versetzen Sie sich in die Situation des Zuhörers. Geben Sie ihm mit einer direkten Antwort sofort einen kurzen Überblick? Oder lassen Sie ihn warten, bis Sie zum Kern der Sache kommen? Beschreiben Sie ein Bild, das Sie im Kopf haben und das sich Ihr Gegenüber vorstellen kann? Orientieren Sie sich an der Situation des Gesprächspartners?

Formulierung der Information

Oft erhält der Gesprächspartner statt der Information lange Erklärungen. Erst später werden Tatsachen genannt. Die direkte Antwort ist immer die beste. Sie ist einfach zu verstehen und glaubhaft. Wer jedoch die Antwort durch Erklärungen ersetzt, erweckt Misstrauen. Er erzeugt den Eindruck, für ihn ungünstige Informationen zu verschweigen.

Eine gute Methode zur Formulierung ist, einige Worte der Frage mit in die Antwort zu nehmen.

Beispiel:
Chef: „Wie wollen Sie die Mitarbeiter motivieren?"
Gruppenleiter: „Ich will die Mitarbeiter motivieren, indem ich …"

Auf eine Warum-Frage leitet das „weil" die Antwort ein. Fragen sind immer direkt zu beantworten. Wenn der Partner eine Ja- oder Nein-Frage stellt, soll die Antwort auch in die Richtung gehen.

Beispiel:
Sie: „Hast du bei der Ermittlung der Kosten auch die Zinsen berücksichtigt?"
Er: „Ja."

Stellt der Partner eine Frage, wünscht er Informationen, die ihm helfen, eine Entscheidung zu treffen. Deshalb haben Sie Ihre Antwort in die Gedankengänge Ihres Partners einzubauen. Leider erhält der Gesprächspartner die Informationen oft nicht so, wie er sie wünscht.

Beispiel:
Ihre Partnerin, die ursprünglich einen gebrauchten VW für 3.000 Euro kaufen wollte, ändert plötzlich ihre Meinung und erzählt Ihnen, dass ihr jetzt ein anderer Autotyp besser gefalle. Auf Ihre Frage, wie viel das neue Auto koste, entgegnet sie: „Es ist zwar etwas teurer, aber wegen der Vorteile ist es das Geld wert." Die Frau hat Ihre Frage nicht beantwortet, sondern eine unpräzise Aussage zum Preisvergleich gemacht. Wollen Sie selbst überlegen, ob die Vorteile auch das Geld wert sind, hilft Ihnen die Antwort nicht weiter. Für eine Entscheidung fehlt Ihnen die notwendige Information.

Ausführungen zum Kern der Aussage

Bauen Sie Ihre Kernaussage in das Denken des Partners ein. Deshalb ist es notwendig, auf die Absicht der Frage richtig zu reagieren. Was will der Partner wissen? Bringen Sie auch zum Kern Ihrer Aussage eine Ausführung. Diese sollte kurz sein – möglichst unter 30 Sekunden.

Formulierung eines Feedbacks

Das Feedback – eine Rückmeldung – würde Ihnen helfen und mehr Klarheit schenken. Haben Sie die Frage des Partners so verstanden, wie sie gemeint war? Haben Sie ihm das gesagt, was er wissen wollte? Ein Feedback sagt Ihnen, wie Ihr Gesprächspartner Ihre Antwort interpretiert hat. Die Anregung eines Feedbacks ist ein wichtiger Teil der Mitteilung. Mit der Frage holen Sie sich eine Reaktion des Partners auf Ihre Mitteilung.

Beispiel:
Sie haben die Durchführung eines Projekts vorgeschlagen, das jährlich 20.000 Euro einspart. Der Abteilungsleiter fragt Sie: „Wo wollen Sie die notwendigen Leute dafür hernehmen?" Sie geben die Information: „Wir ziehen sie von dem unwichtigen Projekt ab." Anschließend erweitern Sie Ihre Information mit der Ausführung: „Das würde unser unwichtigstes Projekt um vier Monate verschieben. Im Verhältnis zum Nutzen können wir das so machen."

Die Feedback-Frage ist: „Sehen Sie das auch so, dass wir wegen des Nutzens Leute vom unwichtigsten Projekt abziehen?"

5 Mit Körpersprache beeinflussen

Die Sprache der Kleidung

Da die nonverbale Kommunikation auch Symbole betrifft, haben wir uns in diesem Kapitel mit der Kleidung zu beschäftigen.

Kleider machen Leute

Wahrscheinlich kennen Sie dieses Sprichwort. Zahlreiche Studien haben gezeigt, welchen entscheidenden Einfluss Kleidung darauf hat, wie andere Menschen Sie wahrnehmen. Menschen schließen von der Kleidung ihres Gegenübers auf dessen Rang, Fähigkeiten und Kenntnisse. Der Schluss, von der Kleidung auf die Persönlichkeit zu schließen, ist zwar nicht logisch, dennoch tun es die meisten Menschen.

Im Mittelalter war der Rollencharakter der Kleidung sehr eindeutig festgelegt. Die strikte Standesordnung löste sich zwar später auf, doch auch die moderne Gesellschaft hat wieder Konventionen entwickelt. Bestimmte Rollen werden mit bestimmten Kleidungsmerkmalen verbunden. So wird von jedem Direktionsassistenten erwartet, eine Krawatte zu tragen. Je höher jemand in der hierarchischen Ebene angesiedelt ist, desto zwingender werden Konventionen. So tragen Bank- und Geschäftsleute sowie Persönlichkeiten des öffentlichen Lebens dunkelblaue oder dunkelgraue Anzüge. Auch bei Frauen in höheren Positionen dürfen Kleidung und Schmuck nicht zu modisch sein. Bevorzugt werden zeitlose Eleganz wie Kostüm, Rock, Bluse, Blazer.

Kleidung wird unterschieden nach dem ausdrucksvollen, dem neutralen und dem funktionellen Kleidungsstil. Der ausdrucksvolle Stil bringt die eigenen Stimmungen und Gefühle zum Ausdruck. Der neutrale Stil passt sich den gesellschaftlichen Regeln an, er ist nicht besonders modisch oder elegant. Beim funktionellen Stil wird die Kleidung nach dem Anlass ausgewählt. Das kann Freude machen oder auch nicht. Treffen wir auf Menschen mit ähnlicher Kleidung, schließen wir meistens auch auf ähnliche Einstellungen.

Mehrere Untersuchungen in den USA haben sogar ergeben, dass die Kleidung einen Einfluss auf die Hilfsbereitschaft von Menschen hat. Waren Bittsteller und Versuchspersonen gleich gekleidet, wurde der Bitte um eine Münze zum Telefonieren in mehr als zwei Drittel der Fälle entsprochen. Waren die beiden Personen unterschiedlich gekleidet, wurde die Bitte in weniger als der Hälfte der Fälle erfüllt.

Richtig gekleidet für das Vorstellungsgespräch

In der Situation ist gefordert, fachlich kompetent und seriös zu wirken.

Checkliste: Kleidung für das Vorstellungsgespräch

- Versuchen Sie zu erfahren, was die andere Seite von Ihnen erwartet. Erfüllen Sie die Erwartungen. Spielen Sie die gewünschte Rolle und kleiden Sie sich entsprechend.
- Wählen Sie den klassischen Stil, keinen extravaganten.
- Männer wählen einen dunklen Anzug oder Sakko mit Hose.
- Für Frauen eignet sich ein Kostüm oder ein Blazer mit Rock in dezenter Farbe. Auch die Schuhe sollten eine gedämpfte Farbe haben.
- Das Make-up von Frauen sollte dezent sein. Lange und sehr farbige Fingernägel sind unpassend.
- Männer sollten gut rasiert sein. Die Socken haben mindestens so lang sein, dass kein nacktes Bein zu sehen ist.
- Die Krawatte kann lebendig wirken, doch nicht zu extrem.
- Joggingschuhe von Männern sind ebenso unpassend wie extravagante Damenschuhe. Das Schuhwerk sollte gepflegt wirken.

WICHTIG: Oft stehen Schuhe im Widerspruch zum übrigen Teil der Kleidung. Oben signalisieren wir: So möchte ich oder muss ich sein. Unten zeigen wir: Das bin ich. Vermeiden Sie ein solches Signal und diese Wirkung.

TIPP:

Schenken Sie der Wahl Ihrer Garderobe große Beachtung. Kleiden Sie sich so, um den Eindruck zu erzeugen, den Sie erwecken wollen.

Der Sprechstil

Nutzen Sie Ihre Stimme, um sich gut darzustellen. Zu Ihrem Sprechstil tragen mehrere Punkte bei.

Stimmhöhe

Wollen Sie als Redner etwas nachdrücklich und wirkungsvoller sagen, gilt es, langsam und in tiefer Tonlage zu sprechen. Natürlich haben Sie dabei im Rahmen des natürlichen

Spielraums Ihrer Stimme zu bleiben. Eine hohe Stimme schafft den Eindruck von Anspannung, Angst und Erregung und Sie können so sogar an Glaubwürdigkeit einbüßen.

Wissen Sie, wo Ihre natürliche Stimmhöhe liegt? Um das herauszufinden, sprechen Sie einen Text auf ein Tonband. Spielen Sie sich den Text mehrfach vor. Wie ordnen Sie Ihre Stimmhöhe ein?

Sprechgeschwindigkeit

Auf die Notwendigkeit, langsamer zu sprechen und Pausen zu machen, wurde bereits im vorangegangenen Kapitel hingewiesen. Eine gute Sprechgeschwindigkeit liegt bei 100 Worten pro Minute. Langsames Sprechen ohne Pausen wirkt einschläfernd. Manche Leute sprechen schnell, um das Gespräch hinter sich zu bringen. Allerdings wirken diese dann so, als ob sie nichts zu sagen haben.

Wenn Sie mehr als 110 Worte in der Minute sprechen, müssen Sie sich fragen, ob Sie keine Pause einlegen oder undeutlich artikulieren, denn Ihre Mitmenschen werden Sie schwer oder nicht verstehen.

Pausen

Der ehemalige Bundeskanzler Gerhard Schröder beherrscht als Redner das langsame Sprechen und die Pausentechnik. Machen Sie an den richtigen Stellen Pausen, geben Sie Ihrer Sprache Wirkung und Dynamik. Natürlich dürfen Sie die Pausen nicht mit „äh" füllen. Setzen Sie die Pausen geschickt und halten dabei auch die Stille aus, zeigen Sie damit ein großes Selbstbewusstsein.

Deutlichkeit und Artikulation

Sie erzeugen keinen positiven Eindruck, wenn Sie nachlässig und undeutlich sprechen. Mit einer unklaren, undeutlichen Aussprache wirken Sie unsicher und willensschlapp.

Klares und deutliches Aussprechen erfordert scharfes Ausformen der Laute sowie der End- und Nebensilben, das heißt deutliche Kieferbewegungen. Bei einer Überartikulation wird das Wort auf der ersten Silbe betont. Das wirkt unnatürlich.

Lautstärke

Ist Ihre Stimme zu laut, wirken Sie aggressiv und demonstrieren einen Mangel an Selbstbeherrschung. Sprechen Sie zu leise, wirken Sie schwach mit wenig Vitalkraft und geringem Selbstbewusstsein. Mitmenschen vermuten, dass es Ihnen nicht gut geht. Geringe Lautstärke bei zaghaftem Redefluss lassen Sie schüchtern und ängstlich wirken.

Rhythmus und Sprechverlauf

Menschen empfinden einen lebendigen Sprechrhythmus als positiv. Rhythmische Stimmführung ist ein glattes Dahinfließen von Worten mit leicht periodischen Schwankungen. Unebenmäßiger Rhythmus drückt Unzuverlässigkeit und Mangel von Selbstkontrolle aus.

TIPP:

Sprechen Sie im unteren Bereich Ihrer Stimme, mit Pausen und langsamer Sprechgeschwindigkeit. Reden Sie deutlich und in der erforderlichen Lautstärke. Bemühen Sie sich um eine rhythmische Stimmführung, ohne in einen starren Takt zu fallen.

Genaues Beobachten und Gedankenlesen

Im Gesicht Ihres Gegenübers können Sie lesen, was er fühlt. Paul Ekmann war Professor für Psychologie an der University of California in San Francisco und ist einer der weltweit führenden Experten für nonverbale Kommunikation. Die American Psychological Assoziation wählte ihn zu einem der einflussreichsten Psychologen des 20. Jahrhunderts. Seit über 40 Jahren erforscht er, wie Gefühle entstehen, wie sie sich äußern und wie Sie diese bei anderen lesen können. Gleichzeitig ist er als Lügen-Experte für das FBI und die CIA tätig.

In seinem Buch „Gefühl und Mitgefühl", das er mit dem Dalai Lama verfasste, stellte er die großen Vorteile der Achtsamkeitsmeditation heraus. Nach Ekmann gibt es sieben Basisemotionen, die sich bei jedem Menschen auf dieselbe Art zeigen:

- Trauer
- Zorn
- Überraschung
- Angst
- Ekel
- Verachtung
- Freude

Der Gesichtsausdruck hält zwischen einer halben Sekunde und vier Sekunden an, oft dauert er zwei Sekunden. Je länger die Emotion zu erkennen ist, desto stärker ist sie. Nach Paul Ekmann gibt es mehrere Arten von Gesichtsausdrücken.

Referenzieller Gesichtsausdruck

Dieser Ausdruck ist nur gering ausgeprägt. Er deutet auf eine Emotion hin, die Sie im Augenblick nicht richtig fühlen. Nehmen wir an, Sie haben sich über jemanden geärgert und erzählen Ihrer Frau davon. Nach Ekmann weist das auf eine Emotion hin, die

Sie im Augenblick nicht richtig fühlen, fast so, „als ob Sie das Wort Ärger" mit Ihrem Gesicht sagen. Deshalb ist beim referenziellen Ausdruck nur ein Teil der Mimik zu sehen. Vielleicht sehen Sie nur die Oberlider leicht angehoben, die Lippen leicht zusammengepresst oder nur die Augen leicht gerunzelt.

Partieller Gesichtsausdruck

Es handelt sich hier um ein schwach empfundenes Gefühl, das nicht gezeigt werden soll. Bei diesem Ausdruck ist nur ein Teil des Gesichts beteiligt.

Mikroausdruck

Auch wenn Sie versuchen, jedes Anzeichen von Emotionen zu verbergen, kann dennoch ein Mikroausdruck von kurzer Dauer zu sehen sein, etwa eine Fünftelsekunde oder kürzer. Dieser Mikroausdruck ist von großer Aussagekraft, denn er erfolgt, wenn Sie unbedingt etwas verbergen wollen. Dieser Mikroausdruck kommt zustande, wenn die Unterdrückung des Gefühls vom Bewusstsein nicht wahrgenommen wird.

Die Mikromimik erstreckt sich meist über das ganze Gesicht und kann auch partiell oder nur schwach ausgeprägt sein. Wenn Sie Kinder haben, werden Sie bereits ein Vorauserkennen der Emotionen erlebt haben, etwa wenn sich am zitternden Kinn oder der sich verfinsternden Augenpartie das sich anbahnende Weinen erkennen lässt.

WICHTIG: Das erste Aufkommen einer Emotion ist oft eine schwach ausgeprägte Veränderung des Gesichtsausdruckes. Wenn Sie wissen, worauf Sie zu achten haben, erkennen Sie die Gefühle Ihres Gegenübers – noch bevor sich dieser selbst seiner Emotion bewusst wird. Diese Veränderungen zeigen sich auch dann, wenn der andere seine Gefühle zu verbergen sucht.

Beachten Sie: Sie wissen nun zwar, welche Emotionen sich hinter dem Gesichtsausdruck verbergen. Sie wissen aber nicht, wodurch diese Gefühlsregung ausgelöst wurde. Dennoch gibt Ihnen das Wissen deutlich Hinweise, ob Sie auf der richtigen Spur zur Beeinflussung sind, und Sie können gegebenenfalls korrigieren.

TIPP:

Die Gefühle anderer Menschen zu erkennen ist eine große Hilfe. Wenn Sie sogar das noch entstehende Gefühl Ihres Gegenübers wahrnehmen, hat das einen großen Nutzen für Sie, da Sie frühzeitig darauf reagieren können. Sie vermögen sogar noch vor dem anderen zu erkennen, was er dabei ist zu empfinden. Sie werden sogar bemerken, wenn der andere dabei ist, seinen Ausdruck zu verbergen.

Nähere Information zum Thema Körpersprache finden Sie in meinem Buch „Kommunikation mit Herz und Verstand“ (ISBN 978-3-8029-3443-8). Sollten Ihnen dennoch einmal Hintergründe zu einem Körpersprachensignal fehlen, ahmen Sie diese Geste oder Ausdruck nach. Welche Gefühle haben Sie dabei? Dieses Vorgehen hilft Ihnen beim Deuten des Signals.

Steigerung der Wahrnehmungsfähigkeit

Sich Wissen zur Körpersprache einschließlich der Mimik anzueignen ist keine Schwierigkeit. Wesentlich schwerer wird es, die Signale wahrzunehmen. Das erfordert, Ihre Fähigkeit der Wahrnehmung erheblich zu steigern.

Übung:

Drehen Sie Ihren Arm so weit, bis Sie das Zifferblatt Ihrer Uhr nicht mehr sehen. Beantworten Sie nun bitte folgende Fragen:

- Welche Art von Ziffern hat Ihre Uhr?
- Wo stehen die Ziffern?
- Hat die Uhr kleine Striche, die die Minuten anzeigen?
- Steht etwas auf dem Zifferblatt geschrieben? Wenn ja, was?

Schauen Sie jetzt kurz nach. Konnten Sie die Fragen richtig beantworten? Was stellen Sie fest? Erkennen Sie, wie ungenau Sie beobachten.

TIPP:

Trainieren Sie Ihre Beobachtungsgabe. Sie merken bald, dass Sie selektiv wahrnehmen. Trainieren Sie Ihre Wahrnehmungsfähigkeit. Schauen Sie zum Beispiel auf ein Bild. Schauen Sie dann weg und dann wieder zum Bild. Welche Unterschiede nehmen Sie wahr? Was nehmen Sie nun noch bewusster wahr?

Wenn Sie im Gespräch keine Pausen machen, werden Sie bei einem Gespräch die Körpersprache Ihres Gegenübers überhaupt nicht wahrnehmen. Sie benötigen Pausen, damit Ihr Bewusstsein die nötige Zeit zur Wahrnehmung hat.

Indem Sie Ihre Beobachtungsgabe trainieren, verbessern Sie auch Ihre Konzentrationsfähigkeit.

Positive Signale

Mit Selbstwertgefühl, Optimismus und positivem Denken haben Sie eine positive Ausstrahlung. Vermeiden Sie negative Körpersprachensignale wie Hand-/Gesichtsgestiken, hochgezogene Schultern, eine angespannte Haltung oder mangelnden Blickkontakt. Unterlassen Sie auch ein Kreuzen der Arme vor der Brust, das Abwenden Ihres Körpers vom Gegenüber und ein Verbergen der Hände.

Emotionen wie Ärger, Wut und Zorn stellen eine Gefahr für jeden Menschen dar. Ihr Zorn löst beim Gegenüber wiederum Zorn aus. Der Teufelskreis eskaliert schnell. Es ist schwer, auf den Ärger eines anderen nicht mit Ärger zu reagieren. Das gilt besonders, wenn der Ärger des anderen unberechtigt und selbstgerecht erscheint. Ebenso kann die Enttäuschung über das Handeln Ihres Gegenübers Sie sehr wütend machen. Wer sehr zornig wird, sagt oft Dinge, die er später bereut. Geschickt ist es dann, nichts zu machen und die Wutenergien später beim Joggen umzusetzen.

WICHTIG: Sie benötigen eine Technik zum erfolgreichen Umgang mit den eigenen negativen Emotionen.

Bewusstsein der Emotionen und Impulsbewusstsein

Hier ist Achtsamkeit – Bewusstsein – auf die aufkommenden Emotionen zu trainieren, ebenso das sogenannte Impulsbewusstsein. Dazu haben Sie den emotionsgetriebenen Impuls wahrzunehmen, bevor Sie ihn in Aktion umsetzen.

TIPP:

Das Training geschieht so:

1. Die aufkommende Emotion wahrnehmen.
2. Innehalten, das heißt nicht reagieren.
3. Registrieren, Sie wollen etwas sagen oder tun (Impulswahrnehmung).
4. Sie sagen oder tun es noch nicht.
5. Sie überlegen, ob Sie dem Handlungsimpuls nachgeben wollen.
6. Nach der Entscheidung über Vor- oder Nachteile sprechen, dann handeln oder nicht.

Anfangs werden Sie zwischen Wahrnehmung des Impulses und Ihrer Reaktion eine Pause von zwei bis drei Sekunden benötigen.

Zu Anfang ist es schwer, die Pause zwischen Impuls und Handlung auszuhalten, da Sie den Automatismus einer eingefahrenen Gewohnheit verändern. Die bisherige Routine wehrt sich dagegen. Jedoch befreien Sie sich so von Wiederholungszwängen und gewinnen mehr innere Freiheit.

Für erste Anfangserfolge benötigen Sie etwa zwei Wochen Training. Es erfordert Energie und Willen, sich die eigenen Automatismen bewusst zu machen. Niemand wird es schaffen, den ganzen Tag derart achtsam zu sein. Sie machen schon erhebliche Fortschritte, wenn Sie sich täglich etwa 15 Minuten Zeit dafür nehmen. Die Übung kann auch beim Gespräch mit Bekannten durchgeführt werden.

TIPP:

Finden Sie heraus, wann Sie stark emotional reagieren – und zwar in einer Weise, die Sie später bereuen. Achten Sie besonders auf die kritischen Auslöser, damit sie Ihnen nicht zum Opfer fallen.

Als Training zur Erhöhung Ihres Bewusstseins für Emotionen eignet sich die Achtsamkeitsmeditation. Dabei wird die Wahrnehmung des Luftstroms der natürlichen Atmung im Innern der Nase trainiert. Außerdem trainieren Sie mit dieser Methode die Wahrnehmung und Steuerung der Gedanken und Emotionen.

Täuschung und Lüge

Geht es um für Sie wichtige Themen, haben Sie ein großes Interesse daran, den Wahrheitsgehalt der Informationen möglichst genau zu kennen. Nun gehört Täuschen und Lügen zum Handwerk der Menschen, die manipulieren. Kann Ihnen die Körpersprache Hilfestellung geben, ob Sie Ihrem Gegenüber trauen können? Sagt er die Wahrheit?

Eine Antwort vorweg: Es gibt kein eindeutiges Körpersprachensignal, das Ihnen mit hundertprozentiger Sicherheit sagt, ob Ihr Gegenüber lügt. Um der Wahrheit näherzukommen, ist schon ein größerer Aufwand nötig.

Worin besteht die Schwierigkeit des Lügners?

Der ehrliche Mensch kann auf Fragen unbelastet antworten. Der Lügner dagegen muss sich die Antworten erst zurechtlegen; er wird sich nicht wohlfühlen. Wenn Sie daher auf das Verhalten eines unehrlichen Menschen achten, werden Sie Unwohlsignale erkennen. Doch bevor wir uns diesen widmen, gilt es, sich noch eines anderen Phänomens bewusst zu werden.

Ihr Verhalten beeinflusst das Verhalten Ihres Gegenübers

Bedenken Sie, dass Ihr eigenes Verhalten Ihr Gegenüber beeinflusst. Wenn Sie Ihre Fragen im forschen und anklagenden Ton vorbringen, wirkt das auf Ihren Gesprächspartner sehr unangenehm. Selbst ein ehrlicher Mensch fühlt sich in der Situation unwohl.

Nehmen Sie deshalb eine neutrale und keine misstrauische Haltung ein. Reden Sie mit Ihrem Gegenüber zunächst über Themen, die noch keine besondere Bedeutung haben. Achten Sie dabei auf seine Körpersprachensignale, die er im Normalzustand hat. Umso besser können Sie später Veränderungen in der Körpersprache feststellen. Diese Veränderungen werden umso ausgeprägter ausfallen, je unangenehmer ihm Ihre späteren Fragen werden.

Körpersprachensignale, die noch keine Täuschung beweisen

Zu diesen Signalen zählt zum Beispiel der ausbleibende Blickkontakt. Es könnte sein, dass Ihr Gegenüber Sie nicht mag. Oder er meint, Sie empfinden den Blickkontakt als unangenehm und er reduziert ihn. Gewohnheitsbetrüger haben keine Schwierigkeiten mit dem Blickkontakt, er ist sogar noch ausgeprägter als bei ehrlichen Menschen.

Beispiel:
Der ehemalige US-Präsident Bill Clinton hat sich bei Befragungen zur Lewinsky-Affäre oft an der Nase berührt. Er fühlte sich dabei nicht wohl. Wenn Clinton log, zeigte er eine andere Körpersprache.

WICHTIG: Es gibt eine Reihe von Unwohlsignalen. Diese können ein Zeichen für eine Täuschung sein, müssen es aber nicht! Mit anderen Worten: Solche Signale beweisen noch lange kein unehrliches Verhalten.

Verhaltensmuster, wenn Menschen sich unwohl fühlen

Nach Ihrer Frage zeigt der Befragte eine Stressreaktion, vielleicht sogar ein Distanzverhalten, zum Beispiel indem er sich zur Seite oder nach hinten lehnt. Er könnte auch einen Fuß zurückziehen, den Kiefer anspannen oder die Lippen aufeinanderpressen.

Danach folgen Beruhigungsgesten, die den Stress lindern sollen. Manche Menschen greifen sich an den Hals, reiben den Nacken oder berühren den Nasenrücken. Wahrscheinlich denken sie darüber nach, wie sie die Frage beantworten. Früher interpretierte man diese Verhaltensweise so, dass sich auch dahinter täuschende Absichten verbergen. Das kann so sein, muss aber nicht der Fall sein, denn auch viele ehrliche Menschen zeigen bei Stress solche Reaktionen.

Hinweise auf eventuelle Lügen erkennen

Solche Hinweise beruhen auf fehlender Synchronie. Wenn Sie eine Frage bejahen, werden Sie meist auch eine Kopfbewegung ausführen, die die verbale Aussage betont. Fehlt die Bewegung mit dem Kopf, ist das ein Hinweis auf eine Lüge.

> *Beispiel:*
> Ein leitender Richter erzählte bei einem Seminar ein Erlebnis aus einer Gerichtsverhandlung: „Ein Zeuge erklärte bei einer Vernehmung: ‚Herr X war zu diesem Zeitpunkt bei mir.' Der Zeuge schüttelte dabei den Kopf, und ich wurde misstrauisch. Nachdem ich dann mehrere kritische Fragen gestellt hatte, gab der Zeuge zu, gelogen zu haben."

Ein weiterer Hinweis auf Lügen, jedoch noch kein eindeutiger Beweis dafür sind fehlende Emphasen. Oft betonen Menschen Aussagen durch Einsatz von Kopf, Händen, Armen, Beinen und Füßen, wenn sie die Wahrheit sagen. Handgesten bestätigen solche Aussagen, auch das Hochziehen der Augenbrauen oder das Heben der Knie.

Wer sich anstrengt zu lügen, unterlässt die nonverbale Betonung. Wer die Hand beim Reden vor den Mund hält, erweckt den Eindruck der Täuschung. Menschen, die täuschen wollen, zeigen oft Posen, wie mit den Fingern das Knie stützen oder sich über die Wangen streichen, als müssten sie erst über die Antwort nachdenken. Aufrichtige Menschen dagegen versuchen, eine Aussage mit energischen Hand- und Fußbewegungen zu unterstreichen.

Gibt es aussagekräftigere Signale für Lügen?

Die Deutung der Körpersignale führt oft zu falschen Ergebnissen, die Sprache ist dagegen aufschlussreicher. Der Grund dafür ist, dass für die meisten Menschen offensichtliche Körpersprachensignale leichter zu überwachen sind. Worte und die Aussprache zu kontrollieren, fällt dagegen wesentlich schwerer.

In England wurden Versuche durchgeführt, welche Trefferquote Fernsehzuschauer, Zeitungsleser und Radiohörer beim Herausfinden von Lügnern haben. Fernsehzuschauer erreichten nur das übliche Zufallsergebnis, Zeitungsleser kamen auf eine Trefferquote von 64 Prozent, Radiohörer auf das beeindruckende Ergebnis von 73 Prozent.

WICHTIG: Hinweise für größere Aussagekraft geben die Stimme und die Sprache.

Deutlichere Hinweise auf Lügen

Lügner machen mehr Pausen, reden langsamer als sonst und stocken in der Sprache. Sie versprechen sich auch häufiger, Füllwörter wie „äh" oder „mh" mehren sich. Auch bringen sie weniger Einzelheiten. Fragen Sie einen Lügner nach Details, wiederholt er meist nur das, was er schon gesagt hat.

Lügner vermeiden in der Rede Selbstbezüge. Sie verwenden seltener Pronomen wie „ich“, „mein“, „mich“. Häufiger sind Verallgemeinerungen wie „niemand“ oder „wie man weiß“. Die Geschichten der Lügner enthalten auch wenig oder keine Schilderungen der eigenen Gefühle. Außerdem geben Lügner in vielen Fällen keine Gedächtnislücken zu.

Checkliste: Auf Lügen bei der Gesprächsführung achten

1. Ermöglichen Sie es Ihrem Gesprächspartner, sich zu entspannen. Reden Sie mit ihm zu Anfang über ein harmloses Thema. Achten Sie auf seine Körpersprache, wenn er sich beruhigt hat. Sie erkennen so seine Körpersprache im Normalzustand.
2. Gehen Sie erst dann zur Befragung über. Achten Sie auf die Stress- und Beruhigungsgesten, die bei Ihren Fragen zu erkennen sind. Je stärker die Gesten, umso mehr beunruhigt die gestellte Frage Ihr Gegenüber. Achten Sie genau darauf, welche Frage oder Information welche Geste ausgelöst hat.
   Beispiel: Nehmen wir an, es handelt sich um ein Vorstellungsgespräch. Sie sprechen den früheren Arbeitgeber an. Wenn sich Ihr Gegenüber am Kopf kratzt und oder am Hemdkragen zieht, fühlt er Unbehagen. Das ist ein Hinweis darauf, das Thema zu vertiefen.
3. Stellen Sie eine Frage und machen danach eine Pause. Warten Sie ab. Vermeiden Sie jede Ungeduld und bedrängen Sie Ihren Gesprächspartner nicht. Nutzen Sie die Zeit für eine genaue Beobachtung.
4. Von besonderer Wichtigkeit ist die Qualität Ihrer Frage. Je präziser Ihre Frage, desto schwerer hat es ein Lügner. Umso mehr wird die Frage eine nonverbale Reaktion auslösen.
5. Stellen Sie aufeinander aufbauende Fragen. So steuern Sie auch das Gespräch. Überlegen Sie sich die Fragen vor dem Gespräch. Wenn Sie keine präzisen Fragen stellen, erhalten Sie wenige Informationen. Erst mit präzisen Fragen lösen Sie mehr Körpersignale aus und Sie erhalten mehr Informationen zur Aufrichtigkeit Ihres Gegenübers.
6. Stress und Beruhigungsgesten geben Ihnen deutliche Hinweise, welche Bereiche Sie durch weitere Befragungen zu vertiefen haben.
7. Haben Sie den Eindruck, deutliche Veränderungen bei der Befragung erkannt zu haben, wechseln Sie zu einem neutralen Thema. Achten Sie darauf, ob weiter solche Signale zu erkennen sind. Kehren Sie dann nach einiger Zeit wieder zu den Befragungsthemen zurück. Beobachten Sie jetzt wieder ungewöhnliche Signale, die es im harmlosen Gespräch nicht gab, können Sie sicher sein, aussagestarke Signale ausgemacht zu haben.

6 Erfolgreich überzeugen

Den Partner abholen, wo er steht

Erinnern Sie sich an den 16-jährigen Max in Kapitel 2? Er äußerte seine Abneigung gegen die Schule und gegen die Mathematik. Seine Mutter sagte dazu: „Ich mochte als Kind die Schule und die Mathematik auch nicht" – sie redet von sich und holt den Jungen nicht dort ab, wo er steht.

Welche weiteren Gesprächsstörer wendet die Mutter an?

- „Du wirst schon sehen, wie groß der Nutzen der Schule ist." (Beraten)
- „Vater und ich strengen uns an und tun das Beste für dich." (Vorwurf)
- „Du bist auf einem guten Gymnasium." (Werten)
- „Halte durch." (Ratschlag geben)

Beenden wir hier die Aufzählung. Es zeigt sich immer deutlicher, dass die Mutter nicht auf das Kind eingeht. Doch was ist nun erforderlich, um Ihr Gegenüber dort abzuholen, wo es steht?

Checkliste: Gesprächspartner abholen

1. Unterlassen Sie die sieben Gesprächsstörer.
2. Nehmen Sie eine erkundende Haltung ein. Neugierde und Offenheit sind erforderlich, das heißt Vorurteile und Kritik sind zu vermeiden.
3. Akzeptieren Sie den anderen, wie er ist.
4. Hören Sie einfühlend zu. Spiegeln Sie Aussagen und Gefühle.
5. Machen Sie sich Ihre eigenen Annahmen und Bewertungen bewusst. Lassen Sie diese nicht ins Gespräch und Ihre Reaktionen einfließen.
6. Sprechen Sie von Herzen. Verzichten Sie auf Belehrungen und gedankliche Spielereien.
7. Schauen Sie nicht durch Ihre eigene Brille. Erleben Sie Ihr Gegenüber durch seine Brille.

Wie könnte nun die Mutter auf die Aussage von Max reagieren: „Ich habe in Mathematik eine Sechs geschrieben. Ich mag den Lehrer und die Schule nicht mehr."

Beispiel:
Mutter: „Du hast keine Lust, weiter zur Schule zu gehen?“
Max: „Die Schule ist nichts mehr für mich, ich fühle mich dort unwohl.“
Mutter: „Du bist frustriert.“
Max: „Ich mag die Schule nicht mehr. Ich habe keine Lust.“
Mutter: „Du bist enttäuscht von der Schule.“
Max: „In meiner Situation fühle ich mich sehr unwohl.“
Mutter: „Du machst dir Sorgen.“
Max: „In Latein habe ich in den Arbeiten zwei Fünfen geschrieben. Nun auch in Mathematik. Meine Versetzung ist gefährdet. Wenn ich sitzenbleibe, kann ich gleich von der Schule abgehen.“
Mutter: „Du fühlst dich von der Schule frustriert, weil du befürchtest, nicht versetzt zu werden.“
Max: „Ja, das beschäftigt mich sehr.“

Jetzt ist das tatsächliche Problem offenkundig geworden.

Mutter: „Ich verstehe nun, in welcher Lage du bist.“
Die Mutter hat nun erfolgreich versucht, ihren Sohn zu verstehen und hat es vermieden, ihre eigene Biografie ins Gespräch zu bringen. Der Sohn öffnet sich und das eigentliche Problem kommt auf den Tisch. Jetzt zeigt sich der Sohn an einer Problemlösung interessiert.

Max: „Siehst du eine Chance, meine Schwierigkeiten ohne Schulabgang zu lösen?“

TIPP:

Wenn Sie Menschen mitfühlend zuhören, werden Sie überrascht sein, wie bald sie sich Ihnen öffnen. Holen Sie Menschen dort ab, wo sie stehen. Das braucht zwar etwas Zeit, doch wenn sich Menschen verstanden fühlen, haben Sie den Schlüssel zu ihrem Herzen. Sie gewinnen das Vertrauen jedes Menschen.

Wertvorstellungen und Bedürfnisse klären

Nur wenn Sie gut informiert sind, können Sie beeinflussen und überzeugen. Viele Menschen meinen, ihre Mitmenschen denken und empfinden so wie sie. Doch das ist ein großer Irrtum. Sie haben sich Informationen zu beschaffen und haben Ihrem Gegenüber Fragen zu stellen.

Fragen zu den Wertvorstellungen

- „Was ist Ihnen an X (z. B. Haus, Vertrag, Position, Lieferanten) besonders wichtig?"
- „Woran erkennen Sie, dass Sie das richtige X gefunden haben?"
- „Was ist Ihnen an X am zweitwichtigsten?"
- „Was ist Ihnen an X noch wichtig?"

Sie können die Fragen auch etwas verändert stellen.

- 1a) „Was ist Ihnen am wichtigsten, zum Beispiel beim Hauskauf?"
- 1b) „Was ist Ihnen am wichtigsten, zum Beispiel, um einen Vorschlag zu akzeptieren?"

Fragen Sie nach den Kriterien, die erfüllt sein müssen, zum Beispiel: „Woran erkennen Sie, dass ...?"

Jemand antwortet auf die Frage 1a): „Ich will nicht zu viel zahlen."

Fragen Sie: „Woran erkennen Sie, dass Sie nicht zu viel zahlen?" Eine mögliche Antwort wäre: „Wenn ich weniger zahle als im Gutachten angegeben – und zwar mindestens zehn Prozent."

Jemand antwortet auf die Frage 1b): „Dass mir der Partner entgegenkommt." Frage: „Woran erkennen Sie, dass Ihnen der Partner entgegenkommt?" Eine mögliche Antwort wäre: „Wenn das Entgegenkommen des Partners wiederum mindestens 60 Prozent meines Entgegenkommens beträgt."

Fragen zu Bedürfnissen

Fragen Sie zum Beispiel: „Was erhoffen Sie sich ...

- 2a) ... beim Hauskauf?"
- 2b) ... vom Akzeptieren eines Vorschlags?"

Jemand antwortet auf die Frage 2a): „Ausreichend Wohnraum für meine vierköpfige Familie."

Fragen Sie: „Woran erkennen Sie, dass ausreichend Wohnraum gegeben ist?" Eine mögliche Antwort ist: „Wenn das Haus mindestens acht Zimmer und zwei Toiletten hat."

Jemand antwortet auf die Frage 2b): „Dass ich auch einen Vorteil habe."

Fragen Sie: „Und was erhoffen Sie sich davon?" Eine mögliche Antwort wäre: „Dass ich auch ein Folgegeschäft mache."

TIPP:

Um Mitmenschen zu überzeugen, haben Sie ihre Wertvorstellungen und Wünsche zu kennen. Stellen Sie dazu sogenannte W-Fragen. Solche Fragen geben Ihnen mehr Informationen als sogenannte Ja-Nein-Fragen.

Beispiel:
Was haben Sie bei der Südamerikareise erlebt? Hat Ihnen die Südamerikareise gefallen?

Die erste Frage bringt wesentlich mehr Information als die zweite. Die zweite Frage führt nur zur Antwort Ja oder Nein.

Fragen haben für die Informationssammlung eine sehr große Bedeutung. Sie kennen wahrscheinlich die Feststellung: Wer fragt, der führt! Wenn Sie jedoch eine Frage nach der anderen stellen, verschließt sich Ihr Gegenüber. Er empfindet das Gespräch als Verhör.

WICHTIG: Ein überbetonter Einsatz der Fragetechnik – Frage auf Frage – erweckt den Eindruck eines „Dominanzverhaltens". Setzen Sie auch die Zuhörtechniken ein, nehmen Sie weiche Elemente ins Gespräch und zeigen so „Integrationsverhalten". Ein gelungenes Gespräch ist somit eine Kombination aus Dominanz- und Integrationsverhalten.

TIPP:

Sie benötigen sehr gute Fragen und Techniken, um den Gesprächspartner zu verstehen. Diese Techniken sind das aktive und öffnende Zuhören.

Die Einstellung des aktiven Zuhörens wird durch drei Merkmale bestimmt:

- *Empathie:* Die Fähigkeit, sich in die Lage und die Erlebniswelt des anderen zu versetzen.
- *Pacing:* Die Fähigkeit, den anderen zunächst ins Gespräch zu „begleiten" und ihn nicht gleich zu führen – das Gegenteil von ich-bezogenem Denken.
- *Bejahung:* Sie sehen den Partner positiv und akzeptieren ihn. Sie bringen ihm Interesse entgegen, ohne zu werten und zu urteilen. Sie geben ihm Zuwendung und Anerkennung. Verstehen ohne Wohlwollen ist nicht möglich.

WICHTIG: Das öffnende Zuhören ist kein Dialog. Vielmehr steuern Sie den Monolog des Gegenübers. Erst nach dem Pacing führen Sie ihn. Aus Erfahrung weiß ich, dass das vielen Menschen zu Anfang schwerfällt.

Gedankengänge des Gesprächspartners rekonstruieren

Oft wird kein Kontakt zu den Gedankengängen des Gegenübers hergestellt. Dadurch fehlt es an den Voraussetzungen, den Partner zu überzeugen.

> *Beispiel:*
> Person A: „Das ist zu kompliziert, das geht nicht."
> Person B: „Das geht schon. Es ist überhaupt nicht kompliziert. Ich will es Ihnen erklären."

Was A mit zu kompliziert meint, hat B nicht herausgefunden. B interpretiert „zu kompliziert" aus seiner Sicht. Doch was meint A wirklich? Wie kompliziert ist „zu kompliziert"? B hat überhaupt nicht herausgefunden, welche Gedankengänge A beschäftigen.

> *Beispiel:*
> A: „Ich habe meinen Vorschlag gut durchdacht. Er bringt uns viele Vorteile."
> B: „Das wird nicht klappen."
> A: „Natürlich wird mein Vorschlag ein Erfolg. Er bringt uns viele Vorteile."
> B: „Es gibt zu viele Unsicherheiten."
> A: „Ich habe den Vorschlag mit drei Kollegen ausgearbeitet. Alle sehen den Erfolg wie ich."

Was läuft in beiden Beispielen falsch? Behauptung und Gegenbehauptung wechseln sich ab. Der Sprecher ist an den Gedankengängen des anderen nicht interessiert.

Welche grundsätzlichen Fragen müssten gemeinsam beantwortet werden?

- Welches sind die Kriterien für den Erfolg des Projekts?
- Welche Unsicherheiten gibt es? Welche Wahrscheinlichkeit für das Eintreten des Risikos wird geschätzt?
- Nach welchen Gesichtspunkten wurde der Plan bisher geprüft? Welche müssten noch zusätzlich betrachtet werden?
- Wie viel Geld muss investiert werden? Wie hoch sind das Risiko und die Eintrittswahrscheinlichkeit?

Umgang mit Einwänden

Bringt Ihr Gesprächspartner einen Einwand, ist es ein Fehler, ihn voreilig zu beantworten. Sie haben die Gedankengänge zu kennen, die sich dahinter verbergen.

Beispiel:
Nehmen wir an, jemand sagt Ihnen: „Die Umorganisation kann ich nicht einführen. Meine Leute lehnen sie ab." Eine spontane Antwort wäre falsch. Sie wissen nicht, was der Gesprächspartner meint, Sie kennen seine Gedankengänge nicht.

Diese gilt es zu rekonstruieren. Danach überprüfen Sie mit ihm gemeinsam die Schlussfolgerung.

WICHTIG: Erkunden Sie den Gedankengang des Gesprächspartners durch Fragen, wie:

- Was ist der Grund, dass die Umorganisation den Leuten nicht gefällt?
- Kann sich das ändern, wenn der Nutzen erkannt wird?
- Wie könnte das Projekt verändert werden, um den Leuten zu gefallen?
- Was bewirkt das neue Projekt bei den Leuten tatsächlich?

Befürchtet der Gesprächspartner nur Schwierigkeiten, die jedoch tatsächlich nicht zu erkennen sind? Dieser Punkt wird durch die Frage erkundet: „Aufgrund welcher Tatsachen meinen Sie, dass die Leute derart stark ablehnend sind?"

Was verbirgt sich hinter Sofortreaktionen?

Bei einer Sofortreaktion haben Menschen oft kein klares Bild von der Situation. Die Angelegenheit ist noch nicht genau durchdacht. Untersuchungen haben ergeben, dass der Anteil der logischen Überlegungen nur etwa 20 Prozent beträgt. Den wesentlichen Einfluss haben persönliche Meinungen, Ängste und ähnliche Erfahrungen. Außerdem spielen Voraussetzungen und früher entwickelte Überzeugungen eine Rolle. Die Voraussetzungen für erfolgsgerechtes Handeln liegen somit nicht vor.

TIPP:

Erhalten Sie von Ihrem Gesprächspartner eine Ablehnung, stellen Sie Fragen. Fragen Sie nach den Gedankengängen, die seiner Ablehnung zugrunde liegen:

- „Aufgrund welcher Tatsachen sind Sie zu Ihrer Meinung gelangt?" – Die Frage hilft, Meinungen von Tatsachen zu trennen.
- „Auf welchen Gedankengängen beruht Ihre Ansicht?"

Helfen Sie Ihrem Partner, seine Überlegungen zu überprüfen. Erkennt er in seinen Darlegungen durch Ihre Fragen Lücken und Fehler in seiner Argumentation, wird er für Ihre Gedankengänge offen. Es ergibt sich ein Dialog mit Nutzen für Sie und ihn.

Vielleicht überzeugt der Gesprächspartner sogar Sie und Sie ändern Ihre Meinung. Bleibt der Partner bei seiner Ablehnung, hinterfragen Sie weiter. Tun Sie das, bis Sie mit ihm übereinstimmen oder ihn verunsichert haben.

Mit Fragen überzeugen

Beginnen wir mit einem Beispiel, um das Vorgehen zum Überzeugen zu erläutern.

> *Beispiel:*
> Sie schlagen Ihrem Chef die Durchführung eines Projekts vor, das dem Unternehmen 40.000 Euro jährlich spart. Doch der Chef ist damit nicht einverstanden.
> Chef: „Das ist nicht möglich. Wir haben bereits sechs Projekte laufen."
> Sie: „Sie haben Recht. Wir sind schon mit mehreren Projekten beschäftigt. Was ist der wichtigste Punkt, das Projekt nicht durchzuführen?"
> Chef: „Wir haben nicht genug Mitarbeiter. Ich müsste sie von anderen Projekten abziehen."
> Sie: „Ja, wir müssten Mitarbeiter von anderen Projekten abziehen. Wie viele Leute müssten wir Ihrer Meinung von anderen Projekten abziehen? Der Grund für meine Frage ist, dass wir vielleicht weniger brauchen, als Sie annehmen."
> Chef: „Wir würden vier oder fünf Mitarbeiter brauchen. Diese fehlen uns bei der Fertigstellung der anderen Projekte."
>
> Sie sind der Ansicht, dass zwei oder drei Personen ausreichen.
>
> Sie: „Ich sehe ein, dass wir das neue Projekt nicht durchführen können, wenn wir vier oder fünf Mitarbeiter benötigen. Wie sehen Sie die Sache, wenn weniger Mitarbeiter erforderlich wären?"
> Chef: „An wie viel Leute denken Sie denn?"
>
> Mit der Frage zeigt der Chef nun sein Interesse an dem Vorschlag.
>
> Sie: „Wie sehen Sie die Sache, wenn nur zwei Mitarbeiter erforderlich wären?"

Fassen wir Ihr Vorgehen zusammen. Sie haben drei Fragen gestellt:

1. Die Frage nach dem Grund der Ablehnung „Was ist der wichtigste Punkt, das Projekt nicht durchzuführen?"
2. Eine quantifizierende Frage: „Wie viel Leute müssten wir Ihrer Meinung von anderen Projekten abziehen?"
3. Eine hypothetische Frage: „Wie sehen Sie die Sache, wenn nur zwei Mitarbeiter erforderlich wären?"

Die erste Frage ist mit einer Anerkennung verbunden. „Sie haben Recht. Wir sind schon mit mehreren Projekten beschäftigt." Ebenso die zweite und die dritte Frage. Die Anerkennung besteht darin, dass dem Chef in allen Sätzen in einem Punkt Recht gegeben wird. Übereinstimmung in Teilen der Ansicht fördert den Überzeugungsprozess.

Eine sehr positive Wirkung hat es, den Grund für die Frage anzugeben. Damit zeigen Sie dem Partner Ihr Bemühen, die beste Entscheidung zu treffen. Die hypothetische Frage ist die Frage: „Was wäre, wenn ...?"

Vorgehen beim Überzeugen

1. Erkennen Sie einen Teil der Ansicht des Gegenübers an.
2. Stellen Sie Fragen, um seine Denkstruktur, Überlegungen und die Schwachstellen darin zu erkennen.
3. Geben Sie eine Begründung für Ihre Frage, die dazu dient, seine Ausführungen gegen Ihre abzuwägen.
4. Stellen Sie eine hypothetische Frage, um herauszufinden, ob die Schlussfolgerung Ihres Partners eventuell davon beeinflusst wird.

Die Punkte 3 und 4 sind nicht immer erforderlich.

Implikationsfragen: Instrument der Könner

In vielen Fällen sind Menschen ihre eigenen Bedürfnisse und Motive nicht klar. Daher ist es nicht hilfreich, Ihr Gegenüber zu Anfang des Gesprächs nach seinem Motiv zu fragen. Sie finden die Lösung auch nicht durch Herumraten. Stellen Sie Implikationsfragen. Implikationsfragen sind Konsequenzfragen.

Beispiel:
Nehmen wir an, Sie sind Finanzberater. Ein Kunde kommt zu Ihnen und sagt: „Ich interessiere mich für eine Ausbildungsversicherung für meinen Sohn." Der Vater nennt Ihnen zwar sein Interesse, er sagt aber nicht, warum er die Versicherung abschließen möchte. Sein Motiv ist ihm selbst nicht richtig bewusst. Sie als Berater helfen dem Vater, zur Klarheit über sein Motiv zu gelangen.

Negative Implikationsfrage: Was wäre, wenn ... nicht ist?

- Berater: „Angenommen, Sie schließen keine Ausbildungsversicherung für Ihren Sohn ab. Was würde das bedeuten?"
- Kunde: „Dann ist nicht gesichert, dass er sein Studium finanzieren kann."

- Berater: „Welche Folgen hätte das für Ihren Sohn?"
- Kunde: „Mein Sohn müsste sein Studium selbst finanzieren. Ein erheblicher Prozentsatz der Studenten schafft mit Belastungen durch Nebenverdienst nie den Abschluss."
- Berater: „Wäre das wichtig?"
- Kunde: „Natürlich. Wenn er keinen Berufsabschluss hat, wird er nie einen guten Job erhalten. Außerdem hätte er dann ja noch nicht einmal eine abgeschlossene Lehre."
- Berater: „Was würde das für Sie als Vater bedeuten?"
- Kunde: „Ich hätte ein schlechtes Gewissen und würde mir Vorwürfe machen."

Positive Implikationsfrage: Was wäre, wenn ... ist?

- Berater: „Angenommen, Sie schließen die Ausbildungsversicherung ab. Was würde das für Ihren Sohn bedeuten?
- Kunde: „Dann ist er nicht von Nebenjobs abhängig. Dann ist er unabhängig."
- Berater: „Und was bringt ihm die Unabhängigkeit?"
- Kunde: „Er braucht seine Zeit nicht mit Nebenjobs zu vergeuden und sein Studienabschluss wäre sicher. Dann hat mein Sohn auch die Möglichkeit, ein oder mehrere Semester im Ausland zu studieren. Das bringt ihm noch weitere Vorteile."
- Berater: „Und was bedeutet das für Sie als Vater?"
- Kunde: „Dann bin ich stolz auf ihn und er wird mir dankbar sein."

Bietet der Berater erst jetzt das Produkt an, fühlt sich der Kunde verstanden. Die Nutzenargumentation kann dann sehr kurz sein. So überzeugt der Berater den Kunden, indem er ihm sein Motiv klarmacht.

Mit der negativen Implikationsfrage – „Angenommen, Sie schließen keine Ausbildungsversicherung für den Sohn ab, was würde das für Ihren Sohn bedeuten?" – lenken Sie die Gedanken Ihres Gesprächspartners in eine neue Richtung. Sie verschaffen ihm eine neue Sicht. Die Antwort, die Sie erhalten, sagt Ihnen mehr über das Motiv Ihres Gesprächspartners.

TIPP:

Vermitteln Sie Ihrem Gesprächspartner eine neue Sichtweise. Mit der rhetorischen Brücke „Angenommen ..." oder „Was wäre, wenn ..." und der anschließenden Implikationsfrage lösen Sie beim Gesprächspartner Gedankenprozesse aus. So kommt er zu einer neuen Sichtweise. Außerdem erfahren Sie mehr über seine Motivation, wenn Sie seine Argumente hinterfragen. Diese Fragen sind:

- Warum ist Ihnen das wichtig?
- Was würde das bedeuten?

WICHTIG: Entscheidend dabei ist, dass Ihr Gesprächspartner die Fragen selbst beantwortet. Menschen lassen sich leichter durch Argumente überzeugen, die sie selbst entdeckt haben.

Überzeugung mit Argumenten ist leicht

Betrachten wir ein einfaches Beispiel.

Hans will mit seinem Freund Karl eine gemeinsame Reise durchführen. Dabei entwickelt sich folgende Unterhaltung.

Beispiel:
Hans: „Karl, willst du mit mir gemeinsam Urlaub machen?"
Karl: „Es hängt davon ab, wohin du willst."
Hans: „Was wäre denn der ideale Urlaub für dich?"
Karl: „Mich interessieren zwei Dinge. Gern würde ich einige Tage an einer Expedition in die Wüste teilnehmen. Ein anderer Wunsch wäre, einige Tage mit Schnorcheln und Tauchen zu verbringen."
Hans: „Wärst du vielleicht sogar an einer Kombination von beidem interessiert?"
Karl: „Das fände ich sehr gut."
Hans: „Sind das all deine Wünsche?"
Karl: „Ja."

Nun bittet Hans Karl, zu entscheiden, ob er auch eine solche Kombination wünscht, was dieser bejaht. Hans war schon im Reisebüro und hat sich Prospekte geben lassen.

Hans: „Karl, dann schlage ich als Urlaubsziel Ägypten vor. Wir können dann in Hurghada oder einem anderen Ort am Roten Meer tauchen und schnorcheln. Anschließend nehmen wir an einer mehrtägigen Tour durch die Wüste teil. Was denkst du darüber?"
Karl: „Damit bin ich einverstanden. Wir haben dann nur noch den genauen Plan zu klären."
Hans: „Damit können wir sofort beginnen."
Hans packt die Reiseprospekte über Ägypten aus, die er mitgebracht hat.

Dieser Überzeugungsprozess war sehr einfach, schließlich ging er von einer optimalen Situation aus. Karl hatte Wünsche, die auch die von Hans waren. Diese Wünsche konnte das Reisebüro erfüllen. Beide stellten sich nach Durchsicht der Reiseprospekte einen Reiseablauf zusammen.

Was, wenn der Partner Nein sagt?

Beim vorangegangenen Beispiel war es einfach. Karl hatte alle Argumente von Hans akzeptiert. Die Situation kann aber auch anders sein. Sie wollen Ihr Gegenüber überzeugen und bringen ein Argument vor. Doch der Partner sagt Nein. Leider ist es so, dass Menschen nicht jedem Argument zustimmen. Die Ansichten sind oft verschieden. Wenn Sie nach dem Nein weitere Argumente vorbringen, bringt Ihr Partner weitere Gegenargumente vor. Die Situation verschärft sich.

Wie gehen Sie nun bei einem Nein vor? Sie fragen den Gesprächspartner: „Können Sie mir sagen, was Ihnen nicht gefällt?" Sie versuchen zu erfahren, was der andere denkt, und hören aktiv zu. Sie behalten alle weiteren Argumente für sich und finden die Ziele, Interessen und Widerstände des Partners heraus.

Sie versuchen den Gesprächspartner zu verstehen. Sie interessieren sich für den anderen und fragen nach, was für ihn wichtig ist. Sie erfahren mehr und es wird deutlich, was ihn überzeugen könnte. Der letzte Abschnitt in Kapitel 3 – Beispiel: Beeinflussungsprozess – veranschaulicht einen solchen Überzeugungsprozess.

Bald werden Sie erkennen, wo die Unterschiede und Gemeinsamkeiten liegen, und können mit dem kreativen Prozess beginnen, gemeinsam nach Lösungen zu suchen. Diese Lösungsansätze haben es beiden zu ermöglichen, Ihre Ziele zu erreichen.

So ist die Gesprächsatmosphäre positiv. Gegenargumente auszutauschen führt oft zum Abbruch des Gesprächs. Mit dem Win-win-Vorgehen werden Sie überzeugen Das Win-win-Vorgehen führt weiter als der bekannte Kompromiss. Diese Art der Lösung ist mit der Integration bei der Konfliktlösung zu vergleichen. Die Wirkung des Win-win-Vorgehens besteht darin, sich konsequent für die Ansichten des Partners zu interessieren und das öffnende Zuhören durchzuführen.

Selbst wenn Sie nicht erfolgreich sind, bleibt die Bereitschaft zum Gespräch erhalten. Sie können das Gespräch ein anderes Mal fortsetzen. Auch ist das Erreichen eines Teilziels möglich.

Sie haben das aktive öffnende Zuhören ohne die Gesprächsstörer durchzuführen und vor allem haben Sie Ihren Gesprächspartner zu respektieren. Erst hat das Verstehen zu erfolgen, dann das Überzeugen. Je größer Ihre Kreativität und Ihre Flexibilität und die Ihres Partners sind, desto besser werden Sie das Win-win-Ziel erreichen.

Widerstände auflösen

Entscheidend für Sie ist zu wissen, welche Widerstände Ihr Gesprächspartner hat, wenn er sich nicht beim ersten Versuch von Ihnen überzeugen lässt. Er will offenbar nicht, was Sie wollen.

Stellen Sie Ihrem Gesprächspartner Fragen:

- Können Sie mir sagen, was Ihnen nicht gefällt?
- Was stört Sie?
- Was hindert Sie?
- Was müsste Ihrer Meinung nach sein?
- Bitte helfen Sie mir, Sie besser zu verstehen. Können Sie mir bitte mehr dazu sagen?
- Ich will Sie besser verstehen. Was lässt Sie meinen, dass ...?
- Ich habe das Gefühl, Sie denken noch über etwas nach. Darf ich fragen, worum es sich dabei handelt?
- Welche Bedenken haben Sie?
- Was ist Ihnen bei ... am wichtigsten?
- Das hört sich für mich so an, als ob ... Könnte das sein?

Achten Sie auch auf die Körpersprache des Gegenübers. So erkennen Sie an seinen Signalen, ob der Gesprächspartner eventuell nicht geäußerte Widerstände und Einwände hat. Ermuntern Sie ihn zum Sprechen, zum Beispiel: „Ich habe das Gefühl, Sie beschäftigt noch etwas, das wir ansprechen sollten. Darf ich fragen, worum es sich dabei handelt?“

TIPP:

Stellen Sie Fragen nach Widerständen und Bedenken. Schweigen Sie nach der Frage. Halten Sie die Pause aus und warten ab, bis Ihr Gegenüber antwortet.

7 Manipulation abwehren

Manipulation ist etwas Alltägliches

Manipulation: Was ist das?

Von Manipulation wollen wir in diesem Kapitel dann sprechen, wenn der Beeinflussungsprozess beim Gegenüber zu Nachteilen führt. Darüber hinaus wird jede Verfälschung von Tatsachen und Sachverhalten als Manipulation bezeichnet. Der Normalbürger ist der Ansicht, er könne sich über viele Dinge selbst eine Meinung bilden. Dabei ist es einfach, diesen zu manipulieren und ihm die Fremdmeinung als die eigene zu verkaufen.

Bei der Desinformation wird ein Teil des Sachverhalts gezielt weggelassen, der Inhalt verdreht und absichtlich verfälscht. Mit Tricks versuchen Politiker und Werbeprofis, Ihren Verstand zu unterlaufen. Ihr Bewusstsein soll für die gewünschte Geisteshaltung manipuliert werden.

Manipulation ist eine Strategie, die der Partner nicht durchschauen soll. Der Manipulant macht seinem Gegenüber etwas vor. Dabei will er das Gegenüber zu etwas bringen, was nicht in dessen Intention liegt. Beim authentischen Verhalten müssen Sie eine Bitte stellen oder Ihre Wünsche offenlegen. Das erfordert Überzeugen, Verhandeln und Kompromissfähigkeit. Das ist nicht nur aufwendig, sondern Sie gehen auch das Risiko ein, nicht erfolgreich zu sein. Manipulation führt dagegen oft schneller zum Ziel, weshalb sie im Alltag oft angewendet wird.

Affektlogik und Manipulation

Das neue Menschenbild der fraktalen Affektlogik – Denken mit Gefühl – nach Ciompi – hilft, die Wirkung der Manipulation zu verstehen. Er erläutert: „Affekte (Emotionen, Erregungen) beeinflussen das Denken. Für jede Informationsverarbeitung ist die zugrunde liegende Affektstimmung vorrangig und der informative Inhalt zweitrangig."

Der Manipulator sorgt daher für extrem positive oder extrem negative Gefühle, um sein Ziel zu erreichen. Im normalen Zustand der Gefühle sind die Kräfte der Kognition (Wahrnehmen und Erkennen von Zusammenhängen) am größten und die Manipulation hat die geringsten Chancen.

Affektlogik und Selbstbehauptung

Luc Ciompi betont, dass die beschriebenen „Gestimmheiten“ (Stimmungen) mit den Fühl-, Denk- und Verhaltensmustern von einer weisen Evolution über Jahrmillionen als beste Möglichkeiten selektiert worden sind, um als Mensch zu überleben. Er ist der Ansicht, dass uns auch weiterhin am ehesten die kognitiven und affekt-logischen Elemente überleben lassen. Deshalb sei auch die Multiplizität und Gegensätzlichkeit der Weltbilder eine Bereicherung, jede Einschränkung auf eine Variante der Wahrheit dagegen ein Übel. Eine Haltung gegenseitiger Achtung und Toleranz ist deshalb ebenso notwendig wie Abgrenzung und Selbstbehauptung.

Die positiven Gefühle wie Freude und Liebe, Lust und Vergnügen müssten bei den Affekten die Oberhand haben. Ich stimme Ciompi voll zu in seiner Meinung, dass Gefühle wie Freude und Liebe angestrebt werden sollen. Das darf jedoch nicht zu einem Zwangsstreben nach Liebe und Güte führen, da sonst die Vielfalt anderer Fühl-, Denk- und Verhaltensweisen unterdrückt wird.

Daraus ergibt sich, dass zur Abwehr eines Gegners aus Sicht der fraktalen Affektlogik eine gelegentliche schwarze Beeinflussung (Gegenmanipulation) zulässig ist.

Warum sind Menschen manipulierbar?

Der Mensch ist manipulierbar aufgrund seiner Mängel in der Informationsverarbeitung. Diese sind Reaktionsmuster, affektgesteuertes Denken und fehlerhafte Vorstellungen von der Realität. Wir können nur mit Training unterscheiden, ob wir durch Außeneinwirkung oder selbstveranlasst affektiv werden. So kann der Manipulant Menschen täuschen. Die Opfer merken das nicht. Außerdem führen Schnelligkeit und Denkfehler zu Falschbewertungen. Solche Denkfehler sind zum Beispiel lineare Extrapolationen in die Zukunft und die sogenannte Plausibilität. Außerdem gibt es die Schwarz-Weiß-Vereinfachung. Fachleute sind der Meinung: Nur etwa ein Prozent der Aktivitäten eines Menschen ist nicht fremdbeeinflusst.

Desinformationen

Desinformieren ist die in der Politik und im Alltag am häufigsten angewandte Manipulationstechnik. Bei der Desinformation wird der Inhalt entweder vollkommen oder teilweise verfälscht. Eine sehr gefährliche Technik ist, nur einen Teil der Gesamtinformation mitzuteilen. Diese Teilinformation ergänzt der Empfänger durch seine affektlogischen Muster und Denkfehler zu einem vollkommenen falschen Bild. Daher ist diese Art der Desinformation besonders gefährlich.

Beispiel:
Vor mehr als 20 Jahren besuchte ich mehrere Male Sri Lanka. Mein besonderes Interesse galt der herrlichen Natur, dem Buddhismus und den historischen Bauwerken. Gern hätte ich als Erinnerung und Symbol für innere Ruhe eine antike Buddha-Statue erworben. Doch ich hatte kein Glück. Was Händler mir als antike Statue andrehen wollten, erkannte ich vor Ort als Fälschung. Ein Angestellter der Universität vertröstete mich auf später. Er wollte mir Bescheid geben, wenn er eine käufliche antike Statue entdeckt hätte. Mehrere Jahre vergingen. Ich dachte nicht mehr an die antike Statue. Ein Schulkamerad wusste von meiner Sri Lanka-Reise. Da er diese Insel besuchen wollte, bat er mich um Ratschläge und Adressen. Noch bevor mein Schulkamerad abreiste, erhielt ich einen Brief des Universitätsangestellten. Er schickte mir die Beschreibung einer angeblich 500 Jahre alten Buddha-Statue, die ich kaufen könnte. Der Preis sollte 700 DM betragen. Geblendet von dem langen Text der Beschreibung, gab ich meinem Schulkameraden das Geld mit. Nach seiner Rückkehr schickte er mir die Statue zu. Bei ihrem Anblick war ich sehr enttäuscht. Die Statue sah aus, als sei sie erst vor kurzem produziert worden. Um einen Fachmann zu befragen, nahm ich die Statue mit nach Berlin. Dort hatte ich mich mit dem Oberassistenten vom Asiatischen Museum verabredet. Ich stellte die Buddha-Statue auf den Tisch und sagte: „Die Statue soll 500 Jahre alt sein. Ich habe 700 DM dafür bezahlt." Die Antwort des Experten war: „Ich zitiere Schopenhauer: ‚Das Geld, um das wir betrogen wurden, hat uns etwas gebracht, was wir sonst nicht gewonnen hätten, nämlich Erfahrung.'" Der Oberassistent war wesentlich älter als ich. Deshalb versuchte ich, auch von seiner Lebenserfahrung zu profitieren. Ich fragte ihn: „Wie schützen Sie sich denn vor solchen Reinfällen?" Hier sein Ratschlag: „Wenn mir jemand etwas zum Kauf anbietet, lasse ich mir dies unverbindlich für etwa drei Tage leihweise geben. Dann suche ich mit dem Gegenstand Leute auf, die damit handeln. Ich lasse mich nicht nur darüber informieren, was die Spezialisten davon halten. Ich frage sie auch konkret, was der Gegenstand wert ist." Dieser einfache Ratschlag leuchtete mir ein.

Wie erkennen Sie Desinformation?

Um der Desinformation zu entgehen, dürfen Sie und ich unser Wissen nicht nur aus einer Quelle beziehen. Sie haben mehr Aufwand zu investieren, um sich mehr Informationen und Kenntnisse zu beschaffen. Wenn Sie sich nur auf eine einzige Quelle verlassen, sind Sie leicht zu täuschen. Vergleichen Sie die Informationen aus den verschiedenen Quellen, fällt Ihnen auch der unterschiedliche Grad der Selektion auf. Achten Sie auf Widersprüche. Werden Denkfehler verwendet? Wie steht es um die Kompetenz des Manipulators? Manipulation ist oft komplex, es wird mit einem Mix von Techniken gearbeitet.

Beispiele für eine komplexe Manipulation

1. Die Information wird so verändert, dass sie vor allem den Interessen des Manipulators dient.
2. Der Manipulator nutzt Defizite im logischen Denken.
3. Der Manipulator beansprucht die Expertenrolle.
4. Mit Showeffekten wie einem beeindruckenden Auftritt wird über fehlende Substanz getäuscht.
5. Der Manipulator nutzt Automatismen des Gegenübers, indem er schmeichelt und mit Gefühlen beeinflusst.
6. Er wendet die Prinzipien der Reziprozität, der Konsistenz, der Knappheit und das Bewährtheitsverhalten an.

Abwehr der Desinformation in der Dialektik

Das 12-Punkte-Vorgehen

Wie ist nun der Manipulation durch Desinformation im Gespräch zu begegnen?

1. Bereiten Sie das Gespräch vor. Vergleichen Sie unterschiedliche Informationen untereinander, die Sie bisher haben.
   Gehen Sie dabei in mehreren Schritten vor:
   - Formulieren Sie zu jeder Information die Aussage, die dahintersteckt. Oft ist das nicht möglich.
   - Welche Argumente und Daten wurden vorgebracht, um die Aussage zu belegen? Sind die Daten verlässlich und glaubwürdig? Hier hat es einen großen Einfluss, wie gut Sie selbst auf dem Gebiet Bescheid wissen.
   - Gibt es Erklärungen (Hypothesen) für die vorgebrachten Daten? Dabei ist es wichtig, vorschnelle Schlussfolgerungen zu vermeiden, die falsch sein könnten. Welche Widersprüche sind Ihnen bisher aufgefallen? Was erscheint Ihnen glaubwürdig, was nicht?
2. Legen Sie sich Fragen zu den Widersprüchen zurecht, die Sie entdeckt haben. Überlegen Sie sich Sachfragen.
3. Welches Ziel haben Sie? Welches Ihr Gegenüber?
4. Hören Sie genau und analytisch zu.
5. Hinterfragen Sie.
6. Sprechen Sie Ihr Gegenüber auf Denkfehler an.
7. Schieben Sie dem Gesprächspartner die Beweislast zu.
8. Bleiben Sie sachlich. Lassen Sie sich nicht provozieren.

9. Unterscheiden Sie, ob der andere eine Meinung oder Fakten vorträgt: Aufgrund welcher Tatsachen sind Sie zu Ihrer Meinung gelangt?
10. Seien Sie kritisch, wenn Ihr Gegenüber den Expertenbonus für sich beansprucht.
11. Achten Sie auf Übertreibungen bei der Vorteilsdarlegung.
12. Nehmen Sie Widersprüche zwischen den Ausführungen und der Körpersprache wahr.

TIPP:

Halten Sie sich an das 12-Punkte-Vorgehen, um nicht Opfer von Desinformation zu werden. Natürlich kommen Sie an einem Aufwand nicht vorbei. Der Aufwand ist klein im Vergleich zu den negativen Folgen einer Fehlentscheidung.

Vorsicht vor Selbstfallen

Checkliste: Selbstfallen vermeiden

1. Durch Hektik und Reizüberflutung wird das Wichtige vernachlässigt und das Dringende diktiert. Das wiederum führt zu Flüchtigkeits- und Konzentrationsfehlern. Das Ausbügeln der Fehler führt zu großen Zeitverlusten. Die Folge ist, dass weniger Zeit für die wirklich wichtigen Dinge zur Verfügung steht.
2. Bei der Bewertung von Alternativen werden die Folgewirkungen nicht berücksichtigt.
3. Schwarz-Weiß-Denken und lineares Extrapolieren sind unrealistische Vereinfachungen, die der Realität nicht gerecht werden.
4. Gefühlseinflüsse beeinflussen das Denken. Die Informationsverarbeitung wird durch die Gefühle negativ beeinflusst. Das Erfassen des objektiven Tatbestandes fehlt.

Mangelnde emotionale Steuerung führt leicht zu Frust, der nicht bewältigt werden kann. Aggressionen verursachen Fehler bei der Abwehr der Manipulation. Unzureichende Selbsterkenntnis verhindert zu unterscheiden, ob Affekte von außen ausgelöst oder selbst initiiert sind. Das erleichtert es dem Manipulanten, dass seine Strategie nicht erkannt wird.

Es fehlt an Geduld und der notwendigen Selbststeuerung. Der Verstand muss dazu gebracht werden, die häufigsten Denkfehler zu vermeiden. Generalisieren und Teilbetonen verfälscht die Zusammenhänge. Oft werden Ursache-Wirkungsbeziehungen geschaffen, die nicht gegeben sind.

Das logische Denken muss verbessert werden. Simplifizierungen, Plausibilität, der sogenannte „gesunde Menschenverstand" sind fehlerhafte Erkenntnismöglichkeiten. Solche Denkmuster trüben den Menschenverstand. Der logische und systematische Erkenntnisprozess führt zu verbesserten Erkenntnismöglichkeiten.

TIPP:

Der Manipulant nutzt die Schwächen des menschlichen Verhaltens und Denkens. Verbessern Sie den sogenannten gesunden Menschenverstand durch systematisch-logische Erkenntnisprozesse. Nutzen Sie die Möglichkeiten zur Selbststeuerung. So befreien Sie sich von der Abhängigkeit der Gefühle.

Schon vor etwa 2.500 Jahren gab der Chinese Sun Tsu in seinem Buch „Wahrhaft siegt, wer nicht kämpft" Empfehlungen zum Manipulieren. Aus dem noch immer aktuellen Buch nun einige ausgewählte Hinweise:

- Verwenden Sie Köder zum Manipulieren. Fallen Sie jedoch nicht selbst auf Köder herein.
- Seien Sie beweglich in Ihrer Strategie und stellen Sie sich auf Ihr Gegenüber ein.
- Verheimlichen Sie dem anderen Ihre Pläne.
- Nutzen Sie die Kunst der Täuschung.
- Zügeln Sie Ihre Gefühle, sonst bringen Sie sich in Gefahr.
- Handeln Sie erst, wenn der richtige Zeitpunkt gekommen ist.

Positive Beeinflussung, Manipulation und das Böse

Sie kennen die Win-win-Beeinflussung und die Win-lose-Manipulation. Wie sieht es nun mit der Win-win-Beeinflussung als Strategie gegenüber dem Bösen aus?

Es gibt leider Menschen, die sehen Fairness als Schwäche an. Das Win-win-Vorgehen ermuntert solche Menschen, noch egoistischer vorzugehen. Dann wird der Konflikt nicht gelöst. Am Ende stehen der Verlust und der eigene Untergang auf dem Spiel.

Deshalb kann das unbegrenzte positive Entgegenkommen keine realistische Lösung sein. Antwortet die Gegenseite auf ein schrittweises Entgegenkommen nicht positiv, ist diese Taktik zu beenden.

Beim Überschreiten einer Grenze muss es somit negative Konsequenzen geben. Dann haben Sie zu manipulieren. Ändert die Gegenseite ihr Vorgehen zum Positiven, kehren Sie zum Win-win-Vorgehen zurück.

Mit der Frage, welches Verhalten notwendig ist, um sich gegenüber dem Niederen zu behaupten, beschäftigte sich der Jesuit Balthasar Garcián (1601–1658) in seinem

Buch „Handorakel und Kunst der Weltklugheit". Garciáns Buch wurde 1862 von Arthur Schopenhauer übertragen und ist einer der besten Lebensratgeber.

Die von Garcián erkannten Weisheiten sind in der Menschheitsgeschichte seit Urzeiten bekannt, nur geraten sie leider immer wieder in Vergessenheit und müssten immer wieder aufs Neue „entdeckt" werden. Hier nur einige wenige Weisheiten:

- Wer seine Gefühle nicht steuern kann, schadet sich selbst.
- Die starke Persönlichkeit beherrscht ihre Affekte.
- Wer nicht über die Konsequenzen seines Handelns nachdenkt, wird nie klug handeln.
- Ein häufiger Fehler ist, mehrere andere Fehler zu begehen, um einen einzigen Fehler zu verbessern.

Im Kern finden sich diese Weisheiten im Buddhismus wieder.

Eine weitere wichtige Aussage Garciáns ist es, bei der Selbstbehauptung und im Umgang mit Bösartigkeit die Selbststeuerung nicht zu verlieren. Dazu gehört auch, nicht zum Opfer der eigenen Überempfindlichkeit, der Selbstschwäche, zu werden.

Haben sich die früheren Bundespräsidenten Köhler und Wulff – die ehemaligen höchsten Repräsentanten Deutschlands – immer an die ewigen Weisheiten gehalten?

Falsche Argumente

Mit Argumenten – an die der Manipulant selbst nicht glaubt – soll das Opfer zu falschen Entscheidungen gebracht werden. Da die falschen Argumente häufig angewandt werden, fallen ihnen Menschen leichter zum Opfer.

Übertreibung und Untertreibung

Viele Menschen werden Opfer einer solchen Taktik.

Beispiele:

- Eine Person will dem Vorgesetzten ein aussichtsreiches Projekt vorschlagen. Der Manipulator – ein Kollege – sieht darin eine Gefahr für sich. Er sagt: „Wenn das Projekt danebengeht, hast du nur Nachteile. Lass alles, wie es ist, und du lebst auch gut dabei."
- Eine Person will sich gegen Mobbing wehren. Da das Mobbing auch Vorteile für den Manipulator hat, rät er ab, das zu tun: „Wenn Sie sich dagegen wehren, schaffen Sie sich nur noch mehr Schwierigkeiten."

TIPP:

Übernehmen Sie nicht ungeprüft die Ansichten anderer Menschen. Es sind Meinungen, häufig keine Tatsachen. Stellen Sie kritische Fragen.

Argument der Masse

An dem, was die meisten Menschen tun, orientieren sich viele (Konformitätsprinzip).

Beispiel:
Der Manipulator will einen neuen Mitarbeiter dazu bringen, sich mit dem Gruppenleiter anzulegen. Er weiß, dass das dem Neuen Nachteile bringen wird: „Wir haben uns alle irgendwann mit Erfolg gegen den Gruppenleiter gewehrt. Warum wollen Sie aus der Reihe tanzen?"

TIPP:

Was bisher alle getan haben, muss nicht richtig sein. Stellen Sie kritische Fragen.

Mit dem Einzelfall überzeugen

Aus einem Einzelfall folgt zwar logisch gar nichts, dennoch hat er für viele Menschen „Beweiskraft".

Beispiel:
Ein Immobilienverkäufer sagt: „Mein Bekannter hat die Eigentumswohnung nach einem Jahr mit Gewinn verkauft. Das wird auch in Ihrem Fall so sein."

TIPP:

Weisen Sie darauf hin, dass aus einem Einzelfall noch nichts auf Ihren Fall abzuleiten ist.

Die Entweder- oder-Alternativen

Häufig wird Menschen weisgemacht, dass es nur zwei oder gar nur eine Möglichkeit gibt. Doch fast immer gibt es mehr Möglichkeiten. Da das Entweder-oder-Spiel oft praktiziert wird, wird es meistens geglaubt.

Beispiel:
Ein Steuerberater sagt seinem Klienten: „Die Position X in Ihrer Steuererklärung wurde vom Finanzamt abgelehnt. Sie haben nur die Möglichkeit, das zu akzeptieren oder dagegen zu klagen.“ Auf die Möglichkeit, Widerspruch einzulegen, weist der Steuerberater nicht hin. Oder er argumentiert auf Ihren Hinweis, Widerspruch einzulegen mit dem Spruch: „Das bringt sowieso nichts.“

TIPP:

Ziehen Sie Entweder-oder-Aussagen, das heißt Schwarz-Weiß-Denken, infrage. Es gibt immer mehr Alternativen.

Bestärkung einer falschen Entscheidung

Manchmal werden bei einer Sache nur die momentanen Folgen beachtet, nicht die Langzeitfolgen. Viele Menschen, die für eine Investition viel Geld ausgegeben haben, halten an der Entscheidung fest. Das gilt ebenso für Aufwand, der in ein Projekt investiert wurde. Dieses Verhalten hat auch mit dem Konsistenzprinzip zu tun. Bei der Betrachtung der Langzeitfolgen kann sich jedoch ergeben, das Projekt abzubrechen oder die Investition zu verkaufen. Nur so können weitere und noch höhere Verluste vermieden werden.

Beispiele:
- „Wenn Sie jetzt aus der Sache aussteigen, haben Sie viel Geld verloren.“
- „Führen Sie das Projekt zu Ende. Sonst war alles umsonst.“
- „Der Aufwand, den Sie noch zu leisten haben, ist gering. So retten Sie das gesamte Projekt.“

TIPP:

Denken Sie an die Langzeitfolgen. Ziehen Sie nicht nur die Perspektive, das Projekt weiterzuverfolgen, in Ihre Betrachtungen ein. Wenden Sie die Pro- und Contra-Technik zur Überprüfung an. Untersuchen Sie das Für und Wider jeder Alternative.

Mentaler Betrug

Mental wird kräftig manipuliert, indem gegen die Denkgesetze verstoßen wird. Sie wehren sich umso erfolgreicher dagegen, wenn Sie sich einiger Denkfehler bewusst sind:

Wahrscheinlich kennen Sie die einfache logische Schlussfolgerung, die auch Syllogismus genannt wird:

Alle Menschen sind sterblich. (a)
Sokrates ist ein Mensch. (b)
Also ist Sokrates sterblich. (c)

Die Schlussfolgerung (c) ist nur dann richtig, wenn auch die beiden Prämissen (a) und (b) gültig sind.

Prämissen erkennen

Jemand argumentiert wie folgt:

1. Alle Unternehmer sind gewinnstrebend.
2. Prämisse, die nicht genannt wird.
3. Also ist kein Unternehmer menschlich.

Damit der Schlusssatz 3 richtig ist, muss die unterstellte Prämisse (Satz 2) heißen:
Keiner, der gewinnstrebend ist, ist menschlich.

Wird die Prämisse nicht akzeptiert, ist der Schluss, nämlich Satz 3, nicht erlaubt. Satz 2 ist jedoch nicht zu akzeptieren, denn es gibt Unternehmer, die gewinnstrebend sind und vom Gewinn für wohltätige Zwecke spenden.

Das ist noch einfach. Es gibt aber kompliziertere Fälle, die nicht so leicht zu durchschauen sind. In diesen Fällen sind die Argumentationsketten aufzudecken. Die falschen Schlüsse werden Sophismen oder auch Paralogismen genannt. Wenden wir uns jetzt einigen dieser Paralogismen zu.

Die Behauptung einer notwendigen Folge

Dieser Paralogismus sieht so aus:
Wenn P, dann Q.
Ist Q gegeben,
folgt daraus P.

Selbst wenn die beiden Prämissen wahr sind, muss es die Schlussfolgerung nicht sein.

Beispiel:
Wenn es regnet, ist der Gehsteig nass.
Der Gehsteig ist nass,
also regnet es.

Sie wissen, dass es noch einen anderen Grund geben kann, weshalb der Gehsteig nass ist. Dieser Paralogismus ist deshalb schwer zu erkennen, weil er einer gültigen Argumentation ähnelt, die folgende Struktur hat:

> Wenn P, dann Q.
> Ist P gegeben,
> folgt daraus Q.

Negation der Voraussetzung

Dieser Paralogismus sieht so aus:

> Wenn P, dann Q.
> Ist P nicht gegeben,
> folgt auch nicht Q.
> Dass das Vorgehen falsch ist, zeigt folgendes Beispiel:
>
> *Beispiel:*
> Wenn ich in Köln bin, bin ich in Deutschland.
> Ich bin nicht in Köln,
> also bin ich nicht in Deutschland.

Diesen Paralogismus zu erkennen, fällt meistens deshalb schwer, weil er Ähnlichkeiten mit einem richtigen Syllogismus hat.

> Wenn P, dann Q.
> Ist Q nicht gegeben,
> folgt auch nicht P.
>
> *Beispiel:*
> Wenn ich in Köln bin, bin ich in Deutschland.
> Wenn ich nicht in Deutschland bin,
> bin ich auch nicht in Köln.

Das falsche Dilemma

Das falsche Dilemma haben Sie schon im vergangenen Abschnitt kennengelernt. Es ist gegeben, wenn Sie zwischen zwei Möglichkeiten wählen müssen. Die eine Möglichkeit wird als völlig inakzeptabel hingestellt. Die andere Möglichkeit ist die, zu der Sie beeinflusst werden sollen. Diese Möglichkeit schadet jedoch Ihren Interessen. Sie als kritischer Denker erkennen, dass Sie vor ein falsches Dilemma gestellt werden. Es gibt immer noch mehr Optionen.

Die voreilige Generalisierung

Hierbei werden Schlussfolgerungen auf der Grundlage einer geringen Zahl von Einzelfällen gezogen. Das Problem ist nur, dass es zu wenige sind. Manchmal kennen Sie nicht genug Einzelfälle oder der Aufwand, eine große Zahl von Fällen zu untersuchen, ist nicht praktikabel. Richtige Schlüsse können nur unter Anwendung der mathematischen Statistik und der Wahrscheinlichkeitstheorie gezogen werden.

Argumente, die auf die Person abziehen

Hierbei wird als Antwort auf eine vorgebrachte These nur auf die Person eingegangen, die die These äußerte. Oft wird die These auch mit dem angeblichen negativen Charakter des Sprechers verknüpft. Ziel ist es, auf diese Weise dessen Argumente unglaubhaft zu machen. Die Technik wird auch als „Brunnenvergiften" bezeichnet.

Eine gerne verwendete Strategie ist, jemanden als Heuchler anzugreifen. Dem Gegenüber wird dabei vorgeworfen, selbst nicht das zu tun, was richtig ist. Die Abwehr erfolgt so: „Bitte bleiben Sie sachlich. Äußern Sie sich zu dem vorgebrachten Argument."

Sprichwörter

Die sich in Sprichwörtern äußernden Volksweisheiten stellen kein Argument dar. Sprichwörter widersprechen sich oft. Mit Sprichwörtern lassen sich sogar gegensätzliche Positionen begründen.

> *Beispiel:*
> Gegensätze ziehen sich an.

Der Zirkelschluss

Mit dieser Methode versucht der Manipulator seinen Standpunkt mit genau demselben Standpunkt in einer veränderten Formulierung zu begründen.

Beispiel:
- Karl: „Wir sollten nach Berlin fahren."
- Otto: „Das halte ich nicht für gut."
- Karl: „Warum denn?"
- Otto: „Ich finde das nicht richtig."

Falsche Ursache-Wirkungsbeziehungen

Oft geht eine Tatsache einer anderen voraus oder tritt mit ihr gleichzeitig ein. Das heißt aber noch nicht, dass es einen kausallogischen Zusammenhang gibt.

Beispiel:
Nachdem der neue Abteilungsleiter eingestellt wurde, ging der Umsatz zurück. Der Grund dafür muss nicht die Unfähigkeit des Abteilungsleiters sein. Die wirtschaftliche Situation kann sich zu diesem Zeitpunkt verschlechtert haben.

Tun, was alle tun

„Was alle oder viele tun, muss richtig sein." Diese Aussage ist ein besonders gefährlicher Paralogismus. Denn es ist längst noch kein Beweis, dass dies tatsächlich richtig ist. Dieses Vorgehen ist eine besonders wirksame Strategie der Manipulation, auf die bereits hingewiesen wurde.

Beispiel:
„Unser Produkt ist das meistgekaufte in Deutschland. Eine Million Käufer haben sich davon überzeugt."

TIPP:

Fragen Sie: „Was sind die Testergebnisse? Wer hat sie getestet?" Seien Sie bei den Argumenten sehr kritisch.

Der Appell an das Nichtwissen

Dieser Paralogismus tritt in zweierlei Form auf. Die eine unterstellt, eine Behauptung müsse richtig sein, wenn sich nicht beweisen lässt, dass sie falsch ist. Die andere nimmt an, eine Behauptung müsse falsch sein, weil sich nicht beweisen lässt, dass sie richtig ist. Wenn wir etwas glauben wollen, fallen wir leicht auf diese Fehlschlüsse rein.

Beispiel:
Jemand ist Kommunist, wenn es keinen Gegenbeweis gibt.

Die falsche Verknüpfung von Dingen

Hierbei verleitet uns der Manipulant zu dem Fehlschluss, eine Argumentenkette zu akzeptieren: Wenn Sie A akzeptieren, bedeutet dies, dass Sie auch B, C und D hinnehmen müssen. Das suggeriert, Sie hätten eine negative Konsequenz zu tragen. Diese Verknüpfung ist oft logisch nicht gegeben, sondern dient allein dazu, Sie von A abzubringen – und dann hat der Manipulant sein Ziel erreicht.

Beispiel:
Der Bauherr will einen Brunnen als Wasserreservoir bauen lassen. Der Architekt sagt: „Das ist zu gefährlich. Erstens müssen wir dann in steinigen Boden bohren. Zweitens könnte das Wasser zum Nachbarn runterlaufen." – Für einen wirklichen Fachmann wären alle genannten Probleme lösbar.

TIPP:

Seien Sie kritisch. Sind B, C und D wirklich mit A verknüpft beziehungsweise stellen sie nur einen geringfügigen Aufwand dar? Ziehen Sie zur Beurteilung einen Fachmann heran.

Regeln in der Argumentation

Werden die nachfolgend vorgestellten neun Regeln nicht beachtet, liegt ein Fehlschluss vor. Diese Regeln sollen Sophismen und Paralogismen abwenden. Die Anwendung dieser Sophismen ist zu erkennen und offenzulegen. So wird verfälschende Manipulation verhindert. Die Regeln wurden von Frans van Eemeren und Rob Grootendoorst entwickelt und von mir etwas abgeändert.

Regeln der Argumentation

Regel 1
Die Teilnehmer der Diskussion haben vorgebrachte Thesen zu unterstützen oder anzuzweifeln.
Sophismus: persönliche Angriffe, Verbot einzelner Thesen

Regel 2
Wer eine These vorbringt, muss sie auch verteidigen.
Sophismus: Sich vor der Beweislast drücken oder diese auf jemand anderen abwälzen.

Regel 3

Die Kritik der These darf sich nur auf die These beziehen.

Sophismus: Durch Vereinfachung oder Übertreibung die These verzerren, eine These unterstellen, die so nicht vorgebracht wurde.

Regel 4

Die Argumente müssen sich auf die These beziehen.

Sophismus: Argumente vorbringen, die sich nicht auf die These beziehen und die Mehrheitsmeinung einsetzen.

Regel 5

Die Prämissen jeder These sind offenzulegen. Die Person wird auf ihre Prämissen festgelegt, die sie impliziert zugrunde legt.

Sophismus: Prämissen werden übertrieben und damit unglaubhaft gemacht.

Regel 6

Eine These ist schlüssig bewiesen, wenn die Verteidigung mit Argumenten erfolgt, die auf einem allgemein akzeptierten Ausgangspunkt beruhen.

Sophismus: Anwendung fehlerhafter logischer Schemata, wie falsche Verknüpfung von Dingen, falsche Ursache-Wirkungsbeziehungen, Zirkelschluss, Argumente, die sich auf die Person beziehen usw.

Regel 7

Die benutzten Argumente müssen Gültigkeit besitzen. Die nicht offengelegten Prämissen müssen anerkannt werden können.

Sophismus: nicht erfolgte Unterscheidung zwischen hinreichender und notwendiger Bedingung

Regel 8

Wird die These erfolgreich verteidigt, zieht der Gegner seine Zweifel zurück. Kann die These logisch nicht verteidigt werden, zieht der Verteidiger diese zurück.

Sophismus: Die Thesen werden nicht klar dargestellt.

Regel 9

Äußerungen dürfen weder vage noch zweideutig oder verwirrend sein. Sie sind präzise auszudrücken.

Sophismus: Die Thesen werden unterschiedlich interpretiert.

Lügen

Die ethische Forderung lautet: Du sollst nicht lügen. Nehmen wir einmal an, Sie werden im Gespräch von einem Mächtigen an die Wand gedrückt. Je besser er über Sie Bescheid weiß, umso einfacher hat er es, Sie in die Verliererposition zu bringen. Mit anderen Worten: Je offener und ehrlicher Sie sind, umso mehr verschlechtern Sie Ihre Position. Der ethische Imperativ verlangt von Ihnen ein Verhalten, mit dem Sie sich schaden. Das ist jedoch vollkommen lebensfremd.

Die Wirklichkeit sieht jedoch ganz anders aus. Lügen ist etwas, das jeder tut. Neulich sagte mir ein junger Vater: „Meine Tochter ist erst zwei Jahre alt. Sie lügt – und das bereits kräftig. Da wird wohl noch einiges auf mich zukommen."

Die meisten Menschen scheinen zu wissen, wie man lügt.

Was ist eine Lüge?

Nach dem Duden ist eine Lüge „eine falsche Aussage, die bewusst gemacht wird und jemanden täuschen soll." Mit einer Lüge will sich jemand einen Vorteil verschaffen oder einen Nachteil vermeiden, es wird getäuscht und intrigiert. Eine Lüge kann man Ihnen nur dann nachweisen, wenn der andere Informationen und Wissen hat, das heißt die Wahrheit kennt. Selbst wenn das der Fall ist, gibt es immer noch Chancen, sich rauszureden.

Oft wird versucht, Lügen mit Fragetechnik zu entlarven.

Was erfordert eine glaubhafte Lüge?

1. Wer glaubwürdig ist, dem wird leichter geglaubt.
2. Übertreibungen sind zu vermeiden.
3. Auffällige Selbstdarstellungen gilt es zu unterlassen.
4. Widersprüche in Details sind zu vermeiden.
5. Eine Tatsache nicht zu sagen ist einfacher als direkt zu lügen.
6. Eine glaubhafte Lüge erfordert Vorbereitung.

Vorgehensweisen, die die Aufdeckung einer Lüge verhindern

1. Mit Fragetechniken versuchen Entlarver, Lügner zu überführen. Deshalb muss auf Fragen geschickt reagiert werden. Um auf die Fragetechniken richtig zu antworten, werden die wichtigsten Techniken anschließend genannt.
2. Der große Fehler ist es, auf Fragen ohne Pause und unüberlegt zu reagieren. So werden Sie sich schnell in Widersprüche verwickeln.
3. Halten Sie inne. Machen Sie sich bewusst, was Ihnen durch den Kopf geht. Sagen Sie es noch nicht und denken Sie über die Zweckmäßigkeit nach. Nehmen Sie sich dafür zwei bis fünf Sekunden Zeit und sagen es erst dann. Sie haben aber auch in Ihrem sonstigen Gesprächsverhalten eine Pause zu machen, damit Ihre Pausen in der Lüge nicht auffällig sind.
4. Gewinnen Sie Zeit durch Gegenfragen: „Können Sie mir Ihre Frage näher erläutern?"
5. Bereitet eine Frage Schwierigkeiten, hilft es, keine Antwort auf die Frage zu geben und dies auf folgende Art zu erläutern:
   - „Ich war aufgeregt."
   - „Darauf habe ich nicht geachtet."
   - „Ich war abgelenkt und habe darauf nicht geachtet."
6. Wird die Geschwindigkeit der Fragen erhöht, antworten Sie langsamer.

Reaktionen auf Situationsfragen, Erweiterungsfragen

Ermittler versuchen oft allgemein herauszufinden, was von Ihren gegebenen Informationen zu halten ist. Deshalb fragen sie auch nach Randinformationen. Ziel ist es außerdem, Ihren Redefluss zu erhöhen, damit Sie mehr sagen, als Sie sich vorgenommen hatten.

Beispiele:
- „Wie war das Wetter an dem Tag?"
- „Was ist Ihnen sonst noch aufgefallen?"
- „Haben Sie auf Ihrem Weg andere Personen getroffen?"

Wer eine glaubhafte Lüge verbreiten will, hat sich darauf vorzubereiten. An welche tatsächlichen Details des betreffenden Tages können Sie sich erinnern? Bauen Sie diese wahren Ereignisse mit in Ihre Ausführungen ein. Da diese Tatsachen meistens nachprüfbar sind, machen diese Details Ihre anderen Aussagen glaubhafter.

Hüten Sie sich davor, zu viele Details zu bringen, da Sie sonst unglaubhaft wirken. Kein Gedächtnis erinnert sich an alles. Bereitet Ihnen eine gestellte Frage Schwierigkeiten, bringen Sie Persönliches ins Spiel. So kann man Ihnen nichts Falsches nachweisen.

Beispiele:
- „Ich hatte an dem Tag schlecht geschlafen und habe nicht darauf geachtet."
- „Ich war an dem Tag mit einem beruflichen Problem beschäftigt und kann mich daran nicht erinnern."
- „Ich war in Gedanken …."

Detailfragen abwehren

Beispiele:
- „Welche Unterlagen haben Sie an Herrn Meyer genau gegeben?"
- „Mit wem haben Sie sich noch darüber unterhalten?"
- „Wer war noch bei der Sitzung dabei?"
- Antworten Sie: „Das geht sehr ins Detail. Lassen Sie mich etwas länger überlegen." Danach: „Das fällt mir beim besten Willen nicht mehr ein."

Provokationsfragen rhetorisch begegnen

Mit Provokationsfragen wird versucht, zu emotionalisieren, damit sich der Lügner verrät:

- „Sie haben doch zu Anfang das Gegenteil gesagt?"
- „Hören Sie auf, uns hier täuschen zu wollen!"
- „Ich verstehe nicht, warum Sie sich nicht an diese wichtige Sache erinnern können."

In diesen Fällen empfehlen sich folgende Reaktionen:

- „Ich verbitte mir solche Unterstellungen."
- „Ihr Ton ist unsachlich."
- „Ich lehne unter diesen Umständen eine weitere Befragung ab."

Begehen Sie nicht den Fehler, auf Provokationen mit Rechtfertigungen zu reagieren. Das tun Sie mit Begründungen, die meistens mit „weil" eingeleitet werden. Das schwächt Ihre Position. Reagieren Sie wie vorgeschlagen und erfinden Sie keine weiteren Lügen.

Zurechtgelegte spezielle Fragen beantworten

Hierbei hat sich der Verhörende zur zweiten Befragung in der Zwischenzeit weitere Fragen ausgedacht.

TIPP:

Hilfreich ist es, Zeit zu gewinnen, zum Beispiel nach einer Tasse Kaffee zu fragen oder wie folgt zu reagieren:

- „Geht es um die Wahrheit oder Anwendung von Fragetechniken?"
- „Fragen Sie doch direkt und nicht über ein paar Ecken."

Sprungfragen

Bei diesen Fragen wird von einem Sachverhalt zum anderen gesprungen. Ein Zusammenhang zwischen den Fragen besteht nicht. Der Fragesteller hofft auf diese Art, Ihnen die Lüge nachzuweisen.

Beispiel:

- „Warum sind Sie auf der Autobahn bei Ihrer Fahrt nach München in die entgegengesetzte Richtung gefahren?"
- „Wie verlief der erste Kontakt zu dieser Firma?"

TIPP:

Gehen Sie nicht auf solche Fragen ein. Wehren Sie sich.

Beispiele:

- „Wie ich nach München gefahren bin, ist meine Angelegenheit." – Oder reden Sie über die Art, wie die Befragung geführt wird:
- „Sprungfragen sind doch längst veraltet. Hören Sie doch damit auf."
- „Das unkonzentrierte Springen von Thema zu Thema führt nicht zur Wahrheit."
- „Ich verstehe nicht, was Sie meinen."
- „Warum fragen Sie nicht direkt, was Sie wollen?"

Zeitgewinntechniken

Suchen Sie umständlich nach einem Taschentuch in der Kleidung oder Ihrer Tasche. Fragen Sie nach einem Kaffee. Stellen Sie sich dumm: „Ich habe nicht verstanden, was Sie meinen." So gewinnen Sie Zeit, bis Sie sich eine geschickte Antwort ausgedacht haben.

Falsche Garantien

Denken Sie bitte an Ihre Erfahrungen: Wie oft sind Sie schon falschen Zusicherungen zum Opfer gefallen? Oft benutzt der Manipulator bestimmte Redewendungen, wie

- „Ich versichere Ihnen …"
- „Ich bin vollkommen sicher, dass …."
- „Es gibt nicht den geringsten Zweifel, dass …"

Mit diesen Formulierungen gibt der Manipulator eine Garantieerklärung für seine Aussagen. Wer daran zweifelt, meint sein Gegenüber als Lügner hinzustellen. Doch danach kann sich der „Ehrenmann" überhaupt nicht mehr daran erinnern, was er „garantiert" hat.

Beispiele:
Bankkunden verklagen ihre Berater, weil sie Geld verloren haben. Tests von „Wiso" ergaben, dass die von Gerichten geforderten Niederschriften oft nicht erfolgten. Auch bei Bewerbungen werden Dinge versprochen, die oft nicht erfüllt werden.

Der Umfang falscher Zusicherungen ist sehr groß. Wie können Sie sich davor schützen?

TIPP:

Stellen Sie Fragen, um Ihr Gegenüber Beweise bringen zu lassen:

- „Aufgrund welcher Tatsachen sind Sie zu Ihrer Meinung gelangt?"
- „Welche Fakten machen Sie so sicher?"

Halten Sie Zusagen als Ergebnisprotokolle fest und lassen sich diese durch Unterschrift bestätigen.

Nicht zum Opfer der Schwammigkeit werden

Sie können Worte dazu nutzen, Ideen präzise zu formulieren. Ebenso ist es möglich, mit Worten nichts zu sagen. Auf Fragen werden oft nichtssagende Aussagen getroffen. Die Antwort wird so nicht angreifbar, weil sie nicht substanziell ist.

Beispiel:
Journalist: „Herr Minister, was werden Sie tun, um das Problem der Währung zu lösen?"
Minister: „Wir realisieren einen Plan, indem wir unsere Möglichkeiten nutzen, die Stabilität des Euros zu wahren."

Journalist: „Und worin besteht der Plan genau?"
Minister: „Es handelt sich um ein Vorgehen, bei dem alle Staaten ihren Anteil beisteuern. Außerdem werden menschliche Aspekte berücksichtigt."
Journalist: „Wie viele Milliarden muss Deutschland für die Rettung beisteuern?"
Minister: „Es ist einzig im Interesse Deutschlands, den Plan umzusetzen."

TIPP:

Seien Sie in all Ihren Angelegenheiten ein kritischer Denker. Lassen Sie sich Schwammigkeit nicht gefallen. Wenn jemand auf Ihre kritische Frage nur schwammig antwortet, das heißt keine Antworten gibt, hat er sich schon disqualifiziert. Distanzieren Sie sich von solchen Menschen. Sagen Sie Nein zu dem, was der Manipulator Ihnen einreden will. Der Manipulator hat allen Grund, sachliche Fakten zurückzuhalten.

Die Strohmann-Taktik

Die Bezeichnung „Strohmann" stammt von einem alten Brauch. Damals trainierten Soldaten in friedlichen Zeiten für den Kampf, indem sie gegen einen Mann aus Stroh fochten.

Bei der Strohmann-Taktik wird dem Gegenüber im Gespräch ein Standpunkt unterstellt oder sein Standpunkt verzerrt. Diese Verzerrungen sind Übertreibungen, Verallgemeinerungen oder Fortlassen von Einschränkungen. Verallgemeinerungen werden so vorgenommen, dass vereinzelte Ereignisse als häufige dargestellt werden.

Beispiel:
Karl: „Manchmal ist es notwendig, autoritär zu werden und sich gegenüber dem Mitarbeiter durchzusetzen."
Peter: „Ich verstehe überhaupt nicht, warum du Anhänger eines autoritären Führungsstils bist."

Aus der Tatsache, dass Karl gelegentlich autoritär ist, hat Peter durch Unterstellung „immer" gemacht. Mit dieser unzulässigen Verallgemeinerung meint Peter, Karl besser angreifen zu können.

Eine besondere Variante der Strohmann-Taktik ist der triviale Einwand. Dieser richtet sich auf einen Nebenaspekt. Dieser kann jedoch vernachlässigt werden, da er ohne Bedeutung ist.

Beispiel:
„Ich bin dagegen, den Motor zu reparieren. Dann müssten wir das Auto in die Werkstatt bringen."

TIPP:

Wird Ihnen in einer Situation ein Standpunkt unterstellt, den Sie nicht haben, weisen Sie sofort darauf hin. Tun Sie das nicht, schadet Ihnen das. Vielleicht erinnert sich später niemand mehr an Ihre These, weil er nur noch die verzerrende Aussage des Manipulators im Gedächtnis hat. Zeigen Sie sich bei der Abwehr nicht gereizt. Vielleicht hat der Gesprächspartner Sie missverstanden. Weisen Sie darauf hin: „Ihre Ausführungen stellen nicht den Kern meiner Position dar."

Falsche Analogien

Ein Scheinargument für Manipulationen sind falsche Analogien. Bei einer Analogie werden zwei Sachen oder Situationen miteinander verglichen. Die eine Sache oder Situation ist bekannter, die andere weniger. Dann wird behauptet, dass die eine Sache oder Situation der anderen Sache oder Situation ähnlich sei. In der einen Situation war Handlung A richtig (falsch): Dann ist auch in der anderen Situation Handlung A richtig (falsch). Die Richtigkeit setzt aber voraus: Besteht tatsächlich Ähnlichkeit zwischen beiden Situationen?

Beispiel:
Jemand äußert: „Die Natur lehrt uns, dass nur der Stärkere überlebt. Aus diesem Grund müssen wir Maßnahmen zur Rassenhygiene durchführen."

Hier müssten Sie sich die Frage stellen: „Kann man Naturgesetze mit den Regeln ethischen menschlichen Handelns vergleichen?" Das ist offensichtlich nicht der Fall. Bei der Analogie wird zwar dem Lösungsvorgehen in einem Fall zugestimmt. Doch die Übertragung der Lösung auf die andere Situation wird oft unkritisch zu schnell beigepflichtet. So werden Sie vom Manipulator überrumpelt.

TIPP:

Werden Sie nicht zum Opfer falscher Analogien. Bestreiten Sie die behauptete Analogie oder ziehen Sie sie infrage. Denken Sie darüber nach: Sind die Situationen oder Dinge im entscheidenden Punkt ähnlich oder gibt es nicht doch Unterschiede?

Sprachmanipulation

Sprachmanipulation wird auf vielen Gebieten eingesetzt. So werden zum Beispiel militärische Aktivitäten durch gezielte Wortwahl zu rechtfertigen versucht. Dabei wird militärisches Eingreifen als friedenssichernde Aktion bezeichnet. Opfer unter der Zivilbevölkerung sind Kollateralschäden usw.

Die Sprache dient zur Manipulation des Adressaten. Der Manipulator bringt seine Botschaft eigennützig beim Opfer unter.

Varianten der Sprachmanipulation

1. Ein bekannter Begriff wird für etwas Neues genutzt, um Vertrauen zu erwecken.
   Beispiel: Mit dem Wort „Bio" wird Missbrauch getrieben.
2. Verharmlosende Begriffe werden gewählt, um weniger Widerstände zu erzeugen.
   Beispiel: Anstelle des Wortes „Mülldeponie" wird das Wort „Entsorgungspark" gewählt.
3. Das Schaffen eines neuen Begriffs für etwas Altes soll den Eindruck von etwas Neuem suggerieren.
4. Harte Begriffe sollen Empörung auslösen.
   Beispiel: Wer mit 60 durch einen Ort fährt, in dem 50 km pro Stunde erlaubt sind, wird als Raser bezeichnet.
5. Die Passivform soll das eigene Tun verschleiern.
   Beispiel: Statt „Ich habe den Computer beschädigt" wird formuliert „Am Computer trat ein Schaden ein".
6. Zur Sprachmanipulation zählen auch die schon erwähnten falschen Analogien.
7. Ein Misserfolg in der Hauptsache wird durch Überbewerten von positiven Nebeneffekten umgedeutet.
   Beispiel: Der Wahlverlierer sagt bei der Befragung: „Ich danke all meinen Helfern für den selbstlosen Einsatz. Das zeigt, wie hoch motiviert unsere Mitglieder sind."
8. Berechtigten Einwänden wird mit Wunschdenken begegnet.
   Beispiel: Eine beliebte Vorgehensweise vieler Politiker, als die ersten Probleme beim Euro auftraten.
9. Der Manipulator erzeugt Glaubwürdigkeit durch falsche Hinweise auf Autoritäten. Darauf wurde im vorhergehenden Abschnitt hingewiesen.
10. Blockaden im Gespräch
    Beispiele: Unterstellungen, absichtliches Missverstehen, Provozieren, keine Erklärungen und Information geben, schlechtes Gewissen erzeugen, keine Antworten geben.

WICHTIG: Die von Ihnen verwendeten Begriffe und Formulierungen sind die Brille, mit der Sie auf die Realität sehen. Damit lösen Sie Assoziationen, Gedanken, Einstellungen und Handlungsausrichtungen bei Ihrem Gegenüber aus. Achten Sie deshalb auf Ihre Wortwahl. Entspricht die Wortwahl Ihrem Ziel?

Abwehr von Sprachmanipulation

Achten Sie bei Wortschöpfungen darauf, was Sie beabsichtigen und was Sie verbergen wollen. Übernehmen Sie nicht unüberlegt die Wortwahl der Umwelt. Seien Sie kritisch gegenüber der Wortwahl der Werbung: Informiert sie oder macht sie nur Stimmung? Worthülsen der Werbung sind zum Beispiel:

- „Das Produkt hilft …“
- „Mit dem Produkt fühlen Sie sich wie …“
- „Forschungsergebnisse (welche?) ergaben, dass …“
- „Das Produkt ist wie ….“

Bildmanipulation

Bilder haben einen großen Einfluss. Sie gelangen direkt zu den Gefühls- und Denkmustern. Decodierung ist daher nicht mehr erforderlich. Ein Bild hat etwa den Informationsinhalt von 60, teilweise mehr Worten. Deshalb ist die bildhafte Darstellung der sprachlichen überlegen. Kritische Reflexion über Bilder ist deshalb angebracht. Bei den Metaphern wurde schon darauf hingewiesen.

TIPP:

Denken Sie darüber nach, auf welche Bilder und Metaphern Sie reagieren. Je stärker das erfolgt, desto größer ist die Gefahr der Manipulation. Machen Sie sich bewusst, welche Gefühle bei der Manipulation bei Ihnen angesprochen werden, so können Sie diese auch leichter steuern. Denken Sie über folgende Fragen nach:

- Welche Interessen hat der Manipulator?
- Was wird vorausgesetzt?
- Welche Folgerungen ergeben sich?

Manipulation durch Normen, Regeln, Konventionen

Jeder Mensch wird in seinem Verhalten durch viele gesellschaftliche Normen und Konventionen bestimmt. Winfried Prost weist zu Recht darauf hin, dass viele Normen durch Man-Konventionen vermittelt werden. Dieser Begriff bringt einen allgemeinen Gültigkeitsanspruch zum Ausdruck.

Die Man-Konventionen fordern indirekt dazu auf, was man tun oder lassen soll. Daneben existieren direkte Normen, nämlich Gesetze, Vorschriften und Regeln. Die meisten sind sogar schriftlich fixiert, etwa in Gesetzesbüchern. Die Einhaltung überwachen staatliche Instanzen und nehmen bei Nichteinhaltung Sanktionen vor.

Schutz vor Manipulation durch Regeln, Konventionen und Normen

In vielen Kaufverträgen werden Ihnen bereits vorgedruckte Verkaufsbedingungen zum Unterschreiben vorgelegt. Bei Nachfragen wird nur auf das übliche Vorgehen hingewiesen. Doch diese „Routine“ müssen Sie nicht akzeptieren. Es gibt keine Regel ohne Ausnahme.

WICHTIG: Verhandeln Sie! Nehmen Sie nicht alle Vorgaben hin.

Mit rhetorischen Kniffen wird oft von den Vorgaben abgelenkt.

Beispiel:
„Das ist schon das Beste für Sie. Wann soll die Ware geliefert werden?“

So werden Sie von dem Thema Vorgaben abgelenkt und unterhalten sich nur noch über die Lieferung, wenn Sie nicht aufpassen.

Hüten Sie sich davor, dieser Technik zum Opfer zu fallen. Akzeptieren Sie keine vorgedruckten Geschäftsbedingungen. Verhandeln Sie darüber. Sagt Ihnen Ihr Gegenüber: „Diese Passage ist noch nie angewendet worden“, entgegnen Sie: „Sie ist also sowieso überflüssig“, und streichen dann den Text.

Eine besondere Form der Norm ist die Konformität. Sie verhalten sich zum Beispiel nicht konform, wenn Sie sich im Theater nicht an die üblichen Kleidervorschriften halten oder wenn Sie nicht die Ansichten von Meinungsbildnern der Presse nachplappern. Pflegen Sie stattdessen den kritischen Umgang mit den Medien. Ziehen Sie regelmäßig auch andere Informationsquellen zurate. Interessieren Sie sich für andere Sichtweisen.

Setzen Sie sich gelegentlich über Konventionen hinweg. Prost sagt: „Nur wenn Sie dazu in der Lage sind, können Sie Ihr Verhalten vor Fremdsteuerung schützen.“ Wer sich nicht an Normen, Regeln und Konventionen hält, erlebt häufig Schuld-, Scham- und Angstgefühle. Halten Sie diese aus, werden sie bald verschwinden.

TIPP:

Fragen Sie sich, warum Sie sich nach bestimmten Normen und Konventionen verhalten. Setzen Sie sich gelegentlich darüber hinweg. Nur dann lösen Sie sich von Fremdsteuerung, befreien sich von Fesseln und entfalten sich. Lassen Sie sich nicht durch die Ablehnung anderer Menschen verunsichern. Trainieren Sie sich Verlegenheitsgefühle durch Ertragen ab. Treten Sie auch einmal gegen die Mehrheitsmeinung auf. Hegen Sie ein gesundes Misstrauen gegen Ihre Wertvorstellungen. Erinnern Sie sich daran, dass auch Sie nicht frei von selektiver Wahrnehmung sind.

Gerüchtetechnik

Ein Gerücht ist eine Information, die weitererzählt wird. Dabei ist nicht bekannt, ob es auch zutrifft. Selbst der Urheber des Gerüchts ist oft nicht bekannt. So lässt er sich nicht zur Verantwortung ziehen. Mit dem Gerücht versucht der Urheber einer anderen Person zu schaden. Er sorgt für die Verbreitung des Gerüchts.

Beispiel:
Ein Geschäftsführer eines Unternehmens erzählte mir, welches Gerücht über ihn im Umlauf war. Angeblich hätte er sich bei anderen Unternehmen beworben, was nicht der Wahrheit entsprach. Das Gerücht zielte darauf ab, seine Beförderung zum Hauptgeschäftsführer zu sabotieren. Der Geschäftsführer wollte mit seinem Vorgesetzten über das Gerücht sprechen. Ich bestätigte ihn in seiner Meinung, um Schaden für seine Karriere abzuwehren.

Die Taktik, anderen durch Gerüchte zu schaden, ist riskant. Fliegt der Urheber oder Verbreiter des Gerüchts auf, kann er verklagt werden. Sein Vergehen erfüllt dann den Tatbestand der üblen Nachrede nach § 186 Strafgesetzbuch oder der vorsätzlichen Verleumdung, § 187 Strafgesetzbuch.

Nun wäre es allerdings ein großer Fehler, die Bedeutung eines Gerüchts überzubewerten und sich zu großen Aktivitäten der Abwehr hinreißen zu lassen.

Beispiel:
Ein Herr reagierte sehr empfindlich, als ihm ein Gerücht über ihn bekannt wurde. Er gab eine Zeitungsanzeige auf. Darin beschrieb er das Gerücht und wies auf die Unwahrheit hin. Während es vorher nur wenigen Personen bekannt war, wusste nun die ganze Stadt davon. Der Urheber des Gerüchts dürfte sich sehr über den Helfer bei der Verbreitung gefreut haben.

Verleumdungen sind eine üble Sache. Brendl bezeichnet das Nörgeln, Miesmachen, Mobben und Gerüchteverbreiten als Verjauchen. Für ihn ist Verjauchen destruktives Manipulieren in Reinkultur. Er schreibt: „Wer sich in der Gesellschaft aufwerten will, muss nur etwas Jauche auf die richtige Stelle spritzen, um dem Rivalen zu schaden.“ Er betont, dass Behauptungen oder Unterstellungen die Gegenseite in Zugzwang bringen, schließlich muss sich das verjauchte Gegenüber reinwaschen.

TIPP:

Nehmen wir an, der „Verjaucher“ steht Ihnen direkt gegenüber. Zeigen Sie sich von seinen Worten betroffen, demonstrieren Sie ein schwaches Selbstwertgefühl. Antworten Sie ihm stattdessen: „Was Sie da vorbringen, entspricht nicht den Tatsachen. Außerdem hat es mit dem heutigen Thema nichts zu tun. Bitte bleiben Sie sachlich. Was wollen Sie vorbringen?“

Es ist nur verständlich, wenn Sie auf Bösartigkeiten heftig reagieren. Aber: Tun Sie das nicht! Darauf hat Ihr Gegenüber nur gewartet. Er wird Ihnen dann sagen: „Da habe ich ja wohl richtig ins Schwarze getroffen, dass Sie so reagieren.“ Vermeiden Sie deshalb diese Falle.

Gefühlsmanipulation

Menschen meinen, Sie seien rationale Lebewesen. Tatsache ist jedoch: Menschen werden mehr durch Gefühle als durch die Vernunft gelenkt. Millionen Menschen reagieren nahezu gleich, wenn ihre Gefühle angesprochen werden. Das gilt sowohl bei positiven als auch negativen Gefühlen.

Besonders wirksam ist die Manipulation mit der Angst. Häufige Formen der Angst sind die Angst, Erworbenes zu verlieren, die Angst vor der Realität und dem Ungewissen.

Beispiel:
Der Vorgesetzte nutzt die Angst des Mitarbeiters vor dem Verlust des Arbeitsplatzes. Deshalb macht der Angestellte Überstunden, um nicht den Arbeitsplatz zu verlieren.

Sind die Ängste sehr stark ausgebildet, kann tatsächlich aus dieser inneren Einstellung heraus das eintreten, was befürchtet wurde. Der Manipulator versucht mit diesen Ängsten seine Ziele zu erreichen. Dabei stellt er sehr seltene Gefahren so dar, als könnten sie jederzeit eintreten. Kleine Risiken werden zu großen Risiken aufgebauscht. Die dabei ausgelöste Angst schränkt die Vernunft und die Selbstkontrolle ein.

TIPP:

Wie können Sie nun verhindern, nicht dem Automatismus des Gefühls zum Opfer zu fallen? Mit dem Verstand – also reinen Sachargumenten – werden Sie zunächst dem Gefühl nicht wirksam begegnen, denn Ihre Emotionen steuern auch den Willen und den Verstand. Die Abwehr kann nur emotional erfolgen. Sie haben der Ausbreitung des Gefühls entgegenzuwirken.

Das wird Ihnen umso besser gelingen, wenn Sie in der Anfangsphase der Gefühlsentwicklung eingreifen. Ist das Gefühl stärker geworden, ist es schon viel schwieriger. Werden Sie sich deshalb des Aufwallens des Gefühls bewusst. Nehmen Sie es wahr. Halten Sie zur Bewusstmachung inne. So verhindern Sie die Eskalation des Gefühls und schützen sich selbst vor Schaden.

ABWEHRSTRATEGIEN

Handeln Sie nie im Zustand emotionaler Erregung unkontrolliert und affektiv. Fällen Sie auch dabei keine Entscheidungen. Nehmen Sie Einfluss auf Ihr Gefühl, indem Sie es in der Anfangsphase wahrnehmen.

Kognitive Dissonanz

Von einer überzeugenden Persönlichkeit wird erwartet, dass ihr Denken, Sprechen und Handeln miteinander in Einklang stehen. Die Persönlichkeit tut, was sie denkt und sagt, sie denkt und spricht, wie sie handelt.

Leider steht das Denken und Sprechen nicht immer in Übereinstimmung mit dem Handeln. Das dabei entstehende Gefühl wird als innere Spannung erlebt. Die moderne Psychologie bezeichnet dies als „kognitive Dissonanz“, das Bestreben, Denken und Handeln in Übereinstimmung zu bringen als „kognitives Konsonanzstreben“. Das kognitive Konsonanzstreben versucht, das Gefühl der Spannung zu verringern und ganz zu beseitigen.

Beispiel:
Viele Menschen wissen, dass Rauchen ihrer Gesundheit schadet. Dennoch rauchen sie. Zwischen Erkenntnis und Handeln gibt es eine Dissonanz. Die einfachste Lösung wäre, mit dem Rauchen aufzuhören. Doch das schafft der Raucher nicht. Daher versucht er, sein Handeln mit scheinbar vernünftigen Gründen zu rechtfertigen – er rationalisiert. Dabei zieht der Raucher zum Beispiel eine Ausnahme heran: „Mein Opa hat auch geraucht und ist 90 Jahre alt geworden.“

Die Erkenntnisse der Dissonanzforschung werden zum Beispiel im Verkauf und bei Vertragsabschlüssen eingesetzt. Dabei wird beim Kunden durch aufwendige Beratungen und andere Vorleistungen ein Gefühl der Verpflichtung erzeugt. Es wird bewusst Dissonanz beim Kunden aufgebaut. Menschen verarbeiten Informationen nicht auf objektive Weise. Wir verzerren Informationen entsprechend dem Bedürfnis nach Konsonanz. Dies erfolgt umso mehr, je größer die innere Spannung der Person ist.

Leon Festinger und James Merrill Carlsmith wiesen dies mit folgendem Experiment nach. Der Versuch wurde mit Studenten durchgeführt. Alle Teilnehmer hatten eine Stunde lang eine Aufgabe durchzuführen. Die Tätigkeit war eintönig und langweilig. Danach sollte jeder Teilnehmer einem wartenden Studenten vorlügen, die Tätigkeit sei interessant. Dazu wurden die Studenten in zwei Gruppen geteilt. Jeder der Studenten der einen Gruppe erhielt 5 Dollar, die der anderen 100 Dollar für die Lüge. Danach hatten alle Studenten einen Fragebogen auszufüllen. So wollten die beiden Forscher herausfinden, welche der beiden Gruppen mehr dazu tendierte, die eigene Lüge zu glauben. Vielleicht meinen Sie, wer viel Geld für eine Lüge erhält, glaubt diese eher. Der Versuch ergab jedoch das Gegenteil. Die Personen mit nur 5 Dollar brauchten einen guten Grund für ihre Lüge. Hier ist die Dissonanz am größten. Der Druck ist zu rationalisieren. Die einfachste Rationalisierung besteht darin, sich einzureden, nicht gelogen zu haben. Wer viel Geld für seine Lüge bekommen hat, braucht keine Rechtfertigung für sein Handeln. Er hat wenig Dissonanz, er sagt die Unwahrheit, glaubt sie selbst aber nicht.

Das zeigte sich auch in einem weiteren Experiment. Diejenigen Versuchsteilnehmer, die für ihre Lügen den geringen Geldbetrag bekommen hatten, beurteilten die Aufgabe am Ende mehr als doppelt so interessant als diejenigen, die den hohen Geldbetrag erhielten.

TIPP:

Erzeugen Sie eine Dissonanz zwischen Denken und Handeln, wenn Sie jemanden manipulieren wollen. Wehren Sie eine solche Manipulation ab, indem Sie nicht rationalisieren. Handeln Sie nach Ihrer Einsicht und Ihrem Interesse.

Konsequenzmanipulation

Will jemand, dass eine bestimmte Handlung durchgeführt wird, so kann er auf die vorteilhaften Folgen eben dieser Handlung hinweisen. Konsequenzen zu nennen bietet besonders viele Möglichkeiten der Manipulation.

Dieses Vorgehen ist für das Opfer nur schwer zu durchschauen. Man weiß, dass viele Menschen die Mängel der ihnen vorgelegten „Argumente“ nicht erkennen. Werden zusätzlich Konsequenzen ins Spiel gebracht, gelingt dem Manipulator die Täuschung noch leichter.

Beispiel:
Ein Geschäftsmann kauft den Stammeshäuptlingen einer Südseeinsel zu einem sehr geringen Preis Land ab, darunter viele Grundstücke direkt am Meer. Wer träumt nicht von einem eigenen Haus am Meer?, denkt sich der Spekulant und verkauft die Grundstücke bald mit einem Riesengewinn an Amerikaner und Neuseeländer.

Nun liegen aber die verkauften Grundstücke abseits der großen Hauptinsel. Eine Fähre läuft das Paradies nur ein- bis zweimal in der Woche an. Zwar bewirtschaftet der Geschäftsmann ein kleines Ressort auf der Insel – dies erfüllt jedoch nur bescheidene Ansprüche. Seinen Interessenten erzählt der Verkäufer, dass mit den Arbeiten eines kleinen Supermarkts begonnen wird. Das Gelände dafür stehe schon fest. Der Supermarkt wird dann mit der Fähre von der Hauptinsel beliefert. So ist die Versorgung auf der Insel gesichert.

Die Käufer sind von der Idylle derart begeistert, dass sie den Bau des Supermarkts als selbstverständlich ansehen. Allerdings lässt der Geschäftsmann den Supermarkt nicht bauen. Bald schon wieder verlassen die Käufer wegen der unzureichenden Versorgung und der schlechten Anbindung an die Hauptinsel frustriert ihr neues Zuhause.

Doch man muss gar nicht so weit blicken. Auch bei uns gibt es ähnliche Fälle.

Beispiel:
Einer meiner Bekannten kauft ein Grundstück von einer Wohnungsbaugesellschaft. Man versichert ihm, dass auf dem gesamten Gelände ausschließlich Ein- oder Zweifamilienhäuser entstehen würden. Erfreut von dieser „Zusage" lässt mein Bekannter ein eigenes Haus bauen. Doch schon nach wenigen Jahren gibt es auf dem Gelände auch hohe Mietshäuser. Dies wirkt sich negativ auf die Bewertung der dortigen Immobilien aus.

Leider wiederholen sich solche Vorgänge sehr oft: Ein Manipulator weist auf vorteilhafte Konsequenzen hin. Diese erfüllen sich jedoch nie.

TIPP:

Fragen Sie sich: Wie wahrscheinlich ist es, dass die positiven Konsequenzen tatsächlich eintreten? Welche Folgen muss ich sogar in Betracht ziehen, die zu erheblichen negativen Konsequenzen führen? Wenn die als sicher dargestellten Konsequenzen niemals eintreten, wird aus dem Traum bald eine bittere Enttäuschung.

Trendstrategie

Die sogenannte Trendstrategie kommt häufig bei der Manipulation sachlicher Entscheidungen und bei der Besetzung von Positionen zum Einsatz.

Als Kriterium für die Richtigkeit wird ein gesellschaftlicher Trend genutzt. Genauso aber kann man sich auf wissenschaftliche Trends oder Trends aus anderen Bereichen berufen. Was oder wer dem Trend nicht entspricht, wird diskriminiert. Sachbezogene und spezifische Argumente auf Faktenbasis werden dabei unter den Teppich gekehrt.

Wie falsch es sein kann, sich selbst an einem wissenschaftlichen Trend zu orientieren, zeigt folgender Fall:

Beispiel:
Ein Mann erfährt bei einer ärztlichen Untersuchung, dass er sich keiner Operation unterziehen muss, um auch weiterhin ein unbeschwertes und gesundes Leben führen zu können. Das Urteil orientiert sich dabei an einer Leitlinie eines bestimmten medizinischen Therapievorgehens.

Sein Bauchgefühl jedoch vermittelt dem Mann die innere Gewissheit, dass sein Gesundheitszustand mehr als schlecht ist. Er besteht auf einer Operation. Während dieser stellt man ein sehr gefährliches Krebsgeschwür fest und entfernt es unverzüglich. Ohne die Operation wäre der Mann mit Sicherheit bald gestorben.

Verallgemeinerungen und allgemeine Prinzipien haben leider den Nachteil, dass sie nicht in jedem Fall gelten.

TIPP:

Lassen Sie es nicht so weit kommen, ebenfalls ein Opfer der Trendstrategie zu werden. Fragen Sie nach, was genau der Manipulator unter dem Trend versteht. Beim präzisen Nachfragen erkennen Sie oft schon nach kurzer Zeit, wie wenig sich eine Trendstrategie auf den individuellen Einzelfall bezieht. Weisen Sie darauf hin, dass die Trendstrategie überhaupt nichts mit logischem Argumentieren zu tun hat. Entscheidend ist die Qualität der Argumente. Höchste Qualität haben Argumente, die sich an Fakten des jeweiligen Einzelfalls orientieren. Prinzipien und Überzeugungen müssen immer mittels Tatsachen getestet werden. Wer das nicht tut, stellt sich nicht der Realität.

Fullpower-Argumente werden mit Formulierungen beschrieben wie:

- daraus folgt mit Sicherheit und zwingend ...
- das ist stets der Fall ...

Auf solche Beweise stützt sich die Trendstrategie jedoch nicht. Sie orientiert sich nicht am Einzelfall. Was womöglich oft die Regel ist, muss im Einzelfall nicht zwingend eintreten. Dennoch kann ein Vorgehen nach einem Prinzip in vielen Fällen – aber nicht in allen – zum richtigen Ergebnis führen.

Relativitätsstrategie

Viele Menschen fühlen sich von der steigenden Informationsflut überfordert. Nicht selten wird die Gültigkeit früherer Erkenntnisse mit der Veröffentlichung neuer Untersuchungen und Studien aufgehoben. Das sorgt mancherorts für Verunsicherung.

So kann die Aussage eines Manipulators „Alles ist relativ" andere leicht beeinflussen. Allerdings wird dabei oft vergessen, dass es durchaus Kriterien gibt, die dabei helfen, den Gehalt einer Aussage richtig zu bewerten. Das erfordert jedoch Denkprozesse. Bereits Arthur Schopenhauer wies darauf in seiner „Eristischen Dialektik" mit einer gehörigen Portion Sarkasmus hin: Es ist ihnen [den Menschen] leichter zu sterben als zu denken.

Beispiel:
Diplomingenieur Groß bringt bei einer Teambesprechung mehrere durch Fakten abgesicherte Argumente vor. Sein Gegenspieler Maurer geht dagegen mit allgemeinen Darlegungen vor. „Herr Groß, Sie wissen doch: Alles ist relativ. Es gibt keine absolut richtige Meinung. Das weiß doch jeder!"

Maurer nimmt zu keinem Argument von Herrn Groß Stellung. Stattdessen polemisiert er kräftig weiter: „Eben weil es keine absolut richtige Meinung gibt, sollten wir uns auf einen Kompromiss einigen."

Herr Groß kann dem nichts entgegensetzen. Der angebliche Kompromiss fällt sehr zu seinem Nachteil aus.

ABWEHRSTRATEGIEN:

Was hätte Herr Groß tun können? Er hätte auf Folgendes hinweisen müssen: „Nur weil uns vielleicht noch Wissen fehlt, folgt daraus nicht, dass meine auf Fakten beruhenden Argumente falsch sind und Ihre Einstellung richtig ist."

TIPP:

Werden Sie nicht zum Opfer der Relativitätsstrategie. Sagen Sie dem Manipulierer: „Einem jeden, der Logik Fachkundigen ist bekannt, dass es Kriterien gibt, um Aussagen beurteilen zu können. Nur so sind Beweisführungen möglich."

Taktik des Nichtwissens und Nichtverstehens

Die Taktiken des Nichtwissens und des Nichtverstehens werden oft herangezogen, um Sachverhalte zu verfälschen.

Nichtwissen

Beispiel:
Betriebswirt Müller bringt bei einer Konferenz mit Fakten abgesicherte Argumente ins Gespräch, um die geplante Investition zu begründen. Direktor Meyer sind diese Informationen bisher unbekannt. Er vertritt deshalb die Meinung, genau das Gegenteil wäre richtig.

TIPP:

Lassen Sie sich nicht von der Taktik des Nichtwissens um Ihren berechtigten Standpunkt bringen. Weisen Sie auf Ihre mit Fakten belegbaren Argumente hin. Wenn jemand zu einer Sache keine Information bereithält, dann folgt daraus nicht, dass das Gegenteil richtig ist. Allerdings haben Sie den Beweis zu erbringen, dass Ihre Argumente auf Fakten beruhen.

Nichtverstehen

Geschäftlich wie auch privat sollte man sich einfach und verständlich ausdrücken. Wem der Makel der Unverständlichkeit angehängt wird, ist diskriminiert. Nun gestalten sich im wahren Leben viele Dinge sehr kompliziert. Nicht jeder ist in der Lage, komplexe Zusammenhänge zu verstehen. Um Sachverhalte verständlicher auszudrücken, werden sie oft banalisiert.

Wenn ein Diskussionsteilnehmer Ihnen schaden will, braucht er nur die Unverständlichkeit Ihrer Ausführungen zu betonen. Unterstützen andere Teilnehmer Ihren Gegner noch in seiner Meinung, wird die Situation für Sie besonders schwer.

Was aber tun, wenn Ihr Gegner mit der Strategie „Das verstehe ich nicht“ gegen Sie vorgeht?

TIPP:

Lassen Sie sich in einem solchen Fall genau denjenigen Punkt nennen, den Ihr Gegner nicht versteht. Sagt er, „Ich verstehe gar nichts“, dann bitten Sie ihn, mit einem Punkt zu beginnen. Ist Ihr Gegner dazu nicht in der Lage, so halten Sie fest: „Wenn Sie mir nicht sagen können, was genau Sie nicht verstanden haben, kann ich es auch nicht erläutern. Außerdem darf ich ein gewisses Grundwissen voraussetzen.“

Manipulation in der Partnerschaft

Vielleicht sind Sie der Meinung, Sie manipulieren Ihren Partner nicht. Das ist ein großer Irrtum. Bezweifeln Sie es? Dann warten Sie bitte ab, bis Sie den Abschnitt zu Ende gelesen haben. Aber: Auch Sie werden von Ihrem Partner manipuliert, ohne es zu merken.

Manipulation erhöht den Reiz einer Beziehung

Prof. Dr. Rainer Sachse ist Verhaltens- und Gesprächspsychotherapeut und Leiter des Instituts für Psychologische Psychotherapie in Bochum. Er ist erfahren auf dem Gebiet der Manipulation in der Partnerschaft sowie der Paarbeziehung allgemein.

Sachse sieht in der Manipulation sogar ein Spiel, das die Partnerschaft reizvoll macht. Dabei sind der Zahl der Spiele keine Grenzen gesetzt. So erreichen Sie Ihre Ziele und bereichern Ihre Beziehung.

Männer wie Frauen manipulieren, doch unterscheiden sich die verwendeten Strategien. Natürlich haben Sie auch die Möglichkeit, authentisch zu handeln, das heißt nicht zu manipulieren. Doch dazu ist Folgendes erforderlich:

- Sie müssen selbst wissen, was Sie wollen.
- Sie haben Mut, es dem anderen zu sagen.
- Sie hoffen, dass Sie erhalten, was Sie wünschen.
- Sie bemühen sich, es durch Verhandlung zu erreichen.

Sind diese Voraussetzungen nicht gegeben, müssen Sie manipulieren. Obendrein ist authentisches Vorgehen sehr aufwendig und Sie gehen das Risiko der Ablehnung ein. Manipulatives Handeln dagegen führt schneller und effektiver zum Ziel.

WICHTIG: Auf Dauer ist eine Beziehung nur dann erfolgreich, wenn der Nutzen für beide Partner ausgeglichen ist. Langfristig haben Ihre Aktionen ein Win-win-Vorgehen zu sein. Dann ist zwar manchmal eine einzelne Aktion eine Manipulation, das heißt eine Win-lose-Beeinflussung, doch die Gesamtbeziehung ist eine positive Beeinflussung. Beide Partner tun in diesem Fall gleich viel für die Beziehung. Das Beziehungskonto muss somit nicht jeden Tag ausgeglichen sein. Wenn beide Partner dosiert manipulieren, wird die Beziehung immer reizvoller. Das setzt aber voraus, dass die beiden Partner auch authentisch kommunizieren.

Nach Sachse sind Manipulationen so gesehen „von hoher sozialer Kompetenz". Sie dürfen nur nicht übertrieben werden.

Warum Sie manipulative Strategien kennen müssen

Ist Ihre Beziehung eine Win-win-Beziehung, können Sie sich gelegentlich manipulieren lassen. Wie sieht es aber aus, wenn Sie immer nur ausgenutzt werden? Sicherlich vergeht Ihnen dann die Lust am Spiel und Sie fühlen sich schlecht. Doch das reicht nicht aus, sich zu wehren. Sie werden Manipulationsstrategien nur dann verhindern, wenn Sie diese kennen. Es gilt schnell zu durchschauen, welche Strategien Ihr Gegenüber verfolgt. Die beste Gegenstrategie besteht darin, die Strategie des Partners offenkundig zu machen. Wird die Strategie aufgedeckt, gibt der Manipulierende oft schon auf. Auf das genaue Vorgehen dabei gehen wir noch ein.

Wollen Sie das Spiel nicht aufdecken, können Sie eine Gegenmanipulation vornehmen. Das erfordert aber, eine bessere Strategie als der Partner zu haben. Das ist nicht einfach, dennoch sollten Sie es versuchen. Beschäftigen wir uns hier erst mit den häufigsten Manipulationsstrategien.

Effektive Manipulationsstrategien

Manipulative Strategien verfolgen immer bestimmte Ziele. Wer manipuliert, will beim Partner etwas erreichen. Vielleicht will jemand vom Partner mehr Beachtung oder ihn noch fester an sich binden. Der Manipulierende versucht, durch bestimmte Strategien – Handlungsmuster – an sein Ziel zu gelangen.

Jedes Ziel kann durch unterschiedliche Strategien erreicht werden. Wenn eine Strategie nicht zum Ziel führt, kann eine andere ausprobiert werden. Sachse ordnet die Strategien nach den Zielen, die sie anstreben.

Aufgrund seiner langjährigen Erfahrung hat Sachse vier Ziele und häufige Strategien erkannt, mit denen die Ziele angestrebt werden.

1. *Ziel: Aufmerksamkeit gewinnen*
   - Positive Strategien: zum Beispiel dem Partner mehr Zuwendung geben, Wünsche erfüllen
   - Negative Strategien: zum Beispiel jammern, klagen, nörgeln, Druck machen

2. *Ziel: Bewunderung erhalten*
   - Positive Strategien: zum Beispiel auf die eigenen Leistungen hinweisen
   - Negative Strategien: zum Beispiel angeben, extremer Individualismus

3. *Ziel: Den Partner an sich binden*
   - Positive Strategien: zum Beispiel Wünsche des Partners erfüllen
   - Negative Strategien: zum Beispiel den Partner abhängig machen, Konflikten ausweichen, stets „Ja“ sagen

4. *Ziel: Den Partner auf Distanz halten*
   - Positive Strategien: zum Beispiel gelegentlicher passiver Widerstand
   - Negative Strategien: zum Beispiel dem Partner lange zurückliegende Fehler wiederholt vorwerfen

Abwehr von Manipulation

Die einfachste Abwehrstrategie ist, diese aufzudecken. Nehmen Sie das unangenehme Gefühl wahr, das Sie haben. Es signalisiert Ihnen, dass etwas nicht stimmt. Sie kennen nun die Strategie und die damit verbundenen Handlungen. Die Folgenden von Sachse stammenden Fragen habe ich in gekürzter Form wiedergegeben.

Ziele und Handlungen des Manipulierenden erkennen

Stellen Sie sich folgende Fragen:
- Was will mein Partner, das ich von ihm wahrnehme beziehungsweise nicht wahrnehme? Was tut er dafür?
- Was will er, das ich für ihn tue beziehungsweise nicht tue?
- Was mag ich nicht?

Wollen Sie sich nicht manipulieren lassen, gehen Sie wie folgt vor:
- Teilen Sie dem Partner mit, was Sie erkennen.
- Sagen Sie ihm, Sie wollen ihn besser verstehen, warum er das macht.
- Sagen Sie ihm, was Sie vermuten.
- Sagen Sie deutlich, wie Sie sein Verhalten empfinden, aber ohne Aggressionen mit Ich-Botschaften.
- Äußern Sie, was Sie wollen und nicht wollen. Machen Sie Ihre Grenzen deutlich. Gehen Sie sensibel vor und hüten sich vor dem Fehler: „Jetzt hab ich dich gefasst, du Schweinehund." (Eric Berne)

TIPP:

Das Buch von Rainer Sachse „Wie manipuliere ich meinen Partner – aber richtig" liefert viele detaillierte Hinweise, die Beziehung zum Partner zu stärken. Sie werden verstehen, dass Manipulation ein normales menschliches Verhalten ist. Es hilft Ihnen, gelassener damit umzugehen und verbessert so Ihre Partnerbeziehung.

So schützen Sie sich vor Manipulation

Checkliste: Schutz vor Manipulation

1. **Werden Sie kritischer. Seien Sie besonders vorsichtig bei Experten und Medien.**
   Nur zu oft sind sie darauf aus, Sie für dumm zu halten. Bewahren Sie sich Ihr Vertrauen für Ihre Familie. Erhöhen Sie Ihre kritische Einstellung gegenüber der Außenwelt.
2. **Trainieren Sie Ihre Achtsamkeit, zum Beispiel durch Achtsamkeitsmeditation. Werden Sie nicht zum Opfer von Automatismen.**
   So werden Sie sich Ihres eigenen Verhaltens und der Einflüsse der Außenwelt bewusster. Nehmen Sie sich jeden Tag etwa 20 Minuten Zeit für sich allein.
3. **Achten Sie darauf, ob Ihnen echte Argumente und wirkliche Begründungen vorgelegt werden.**
   Gibt es eine Desinformation? Stellen Sie Fragen. Nehmen Sie nichts als Wahrheit ohne Beweise hin. Nicht Sie haben die Beweislast, sondern der Manipulator.
4. **Fragen Sie sich, welche Interessen verfolgt Ihr Gegenüber. Was sind die Konsequenzen?**
   Achten Sie auf seine Körpersprache. Was sagt sie über den Sprecher aus? Was verbirgt sich hinter seinen Worten?
5. **Erweitern Sie Ihren Wortschatz. So werden Sie unabhängiger von vorgeprägten Ausdrucksweisen.**
   Hören Sie genau hin, was Ihr Gegenüber sagt. Seien Sie achtsam auf seine Körpersprache.
6. **Nehmen Sie aufkommendes Unbehagen im Gespräch ernst.**
   Ihr Unterbewusstsein signalisiert Ihnen, dass etwas nicht stimmt. Erkennen Sie, wie man Sie manipulieren will. Trainieren Sie Ihre Achtsamkeit auf Gefühle. Lassen Sie sich weder im Positiven noch im Negativen emotionalisieren. Starke Emotionen blockieren Ihre Vernunft.
7. **Vermeiden Sie Selbstfallen.**
   Das sind zum Beispiel: Nur den letzten Eindruck oder den ersten Eindruck wichtig nehmen, Einzelerfahrungen für repräsentativ halten, lineares Denken, Hektik, falsche Denkmuster, die erwähnten Paralogismen, Oberflächlichkeit usw. Bedenken Sie Neben- und Folgewirkungen. Seien Sie besonders kritisch dem gegenüber, was Sie glauben wollen. Legen Sie die rosarote Brille ab.

8. **Vermeiden Sie Aggressionen.**

   Werden wir manipuliert, zeigen wir häufig Abwehrreaktionen. Wird der Manipulator unfair und emotional, werden wir es auch – oder wir geben nach. Mit diesen Reaktionen rechnet der Manipulator. Nur wenn Sie sich von solchem Verhalten nicht anstecken lassen, steuern Sie das Gespräch.

9. **Finden Sie heraus, was Sie wollen, und streben Sie Ihre Ziele selbstbewusst an.**

   Damit haben Sie genug zu tun. Ihr Bewusstsein ist nicht für den Manipulator offen.

10. **Hat sich der Manipulator schon bei Ihnen „eingeklickt", seien Sie sehr wachsam. Steuern Sie Ihre Emotionen so, dass der Einfluss des Manipulators nicht zunimmt.**

    - Konformitätsprinzip: Lassen Sie sich nicht weiter von der Masse lenken. Orientieren Sie sich an den Fakten und eigenen Kriterien.
    - Konsistenzprinzip: Hat sich der Manipulator mit Gefälligkeiten „eingeklickt", fragen Sie sich: Fühle ich mich bereits verpflichtet? Erkennen Sie Anzeichen bei sich und geht der Manipulator weiter aufdringlich vor, steigen Sie aus.
    - Reziprozitätsprinzip: Fragen Sie sich: Will ich mich weiter darauf einlassen? Wenn ja, dann nur noch in kleinen Schritten.

11. **Hüten Sie sich davor, sich durch Ihr Gegenüber gekränkt oder beleidigt zu fühlen.**

    Gehen die Gefühle mit Ihnen durch, reagieren Sie unkontrolliert und affektiv. Dann verlieren Sie jedes Gespräch. Trainieren Sie das erwähnte Innehalten und die Gefühlswahrnehmung und Steuerung. Sie sind für Ihre Gefühle verantwortlich. Räumen Sie dem Gesprächspartner keine Macht über sich ein.

12. **Erhöhen Sie Ihre Beobachtungsfähigkeit und Empathie.**

    Das erreichen Sie durch Achtsamkeitsmeditation. Erleben Sie den Manipulator in seiner Welt, seinen Motiven und Interessen. So verbessert sich Ihre Menschenkenntnis. Ihr inneres Warnradar kann aktiv werden.

13. **Verfolgen Sie beharrlich Ihr Ziel. Lenken Sie das Gespräch in eine positive Richtung. Oft ergibt sich dann eine Win-win-Situation für Sie und den Partner.**

8 Wie sich Menschen selbst manipulieren

Illusionen

In der durch die Medien geprägten Zeit sind wir ständig Verführungen und Manipulationen ausgesetzt. Die meisten Menschen meinen, sie seien dagegen immun. Sie glauben, durch ihre Persönlichkeit besser als ihre Mitmenschen geschützt zu sein. Doch das ist ein Irrtum. Trotz besseren Wissens manipulieren sich Menschen mit ihren kognitiven Fähigkeiten selbst. Die Psychologie hat dafür den Begriff „Illusion der Unverwundbarkeit" geprägt.

Robert Levine führte dazu Untersuchungen mit Studenten durch. Die Versuchspersonen sollten zunächst einschätzen, welche der folgenden Persönlichkeitsmerkmale Anfälligkeit gegen Manipulation fördern: Leichtgläubigkeit, Angepasstheit, Naivität, Defizite im Selbstvertrauen, Selbstbewusstsein und Unabhängigkeit. 268 Studenten sollten sich hinsichtlich dieser Eigenschaften mit anderen vergleichen. 77 Prozent der Personen sagten, sie nähmen stärker als der Durchschnitt der Menschen wahr, wie manipuliert wird. 61 Prozent meinten, sie wüssten besser als Gleichartige über Täuschungsmethoden Bescheid, 66 Prozent waren der Ansicht, sie hätten ein überdurchschnittlich kritisches Denkvermögen.

Weitere Versuchsreihen zeigten ein überraschendes Ergebnis. Ausgerechnet die Personen mit den geringsten Kompetenzen überschätzten ihre Fähigkeiten am meisten. Ihre Meinung, besser als der Durchschnitt zu sein, war eine Illusion. Aufgrund umfangreicher Versuchsreihen kamen David Dunning und Justin Kruger zu einem klaren Ergebnis. Wer sich zum Beispiel schwertut, ein Urteil zu fällen, kann weder sich noch andere beurteilen. Solche Menschen wollen sich gar nicht verbessern. Deshalb spricht Levine auch von „selbsterhaltener Inkompetenz". Es gibt auch den entgegengesetzten Tatbestand. Manche halten ihre Begabungen für Illusionen.

Neben der Illusion der Überdurchschnittlichkeit gibt es die Illusion der Unverwundbarkeit. Trotz der großen Risiken des Rauchens lassen Raucher davon nicht ab. Es ist erschreckend, dass Testpersonen mit dem höchsten Risiko am tiefsten von ihrer Unverwundbarkeit überzeugt waren.

TIPP:

Bemühen Sie sich um Selbsterkenntnis. Bitten Sie Freunde um ihre ehrliche Meinung. Führen Sie Tests durch. Trainieren Sie Ihre Fähigkeiten. So wächst auch Ihre Fähigkeit zu realistischer Selbsterkenntnis.

Selbsterfüllende Prophezeiungen

Der Begriff „selbsterfüllende Prophezeiung" stammt von Paul Watzlawik und besagt, dass die Prophezeiung eines Ereignisses zum Eintreten der Prophezeiung führt. Voraussetzung dafür ist, dass jemand an die eigene oder an die Prophezeiung eines anderen glaubt. Dann wird dies für eine Tatsache oder ein bevorstehendes Ereignis gehalten.

> *Beispiel:*
> Nehmen wir an, jemand ist der Meinung, niemand schätze ihn. Bald wird er sein Verhalten danach richten. Er wird misstrauisch und abweisend werden. Die anderen Menschen werden das sehr unangenehm empfinden und sich abwenden. Sie werden ihn nicht schätzen und seine Annahme ist „bewiesen". Dabei hat er durch seine Annahme und sein Verhalten die Reaktion der Mitmenschen erst geschaffen.

Ein solcher Mechanismus wirkt umso erfolgreicher, wenn Sie Ihren Beitrag nicht erkennen.

TIPP:

Denken Sie komplex. Stellen Sie sich stets die Frage: Wie werden Menschen auf meine Handlungen reagieren? Unterscheiden Sie zwischen Meinungen und Tatsachen.

Subliminal-Botschaften

Subliminale Botschaften sind Reize, die unter der Wahrnehmungs- beziehungsweise Bewusstseinsschwelle liegen. Diese Botschaften werden zwar nicht bewusst wahrgenommen, doch sie hinterlassen Wirkungen und werden unbewusst weiterverarbeitet. So lernen wir auch unbewusst und entwickeln unbewusste kognitive Strukturen. Diese haben Auswirkungen auf Verhaltens- und Erkenntnisprozesse.

Sheila T. Murphy und Robert B. Zajonc führten dazu Versuche durch. Den Versuchspersonen wurden chinesische Schriftzeichen gezeigt, die positiv oder negativ bewertet werden sollten. Vor der Wahrnehmung wurden den Versuchsteilnehmern für 4 Millisekunden Vielecke mit mindestens vier Seiten oder Gesichtsmimiken eingeblendet. Die Gesichtsmimiken waren positiv oder negativ. Die Zeit von 4 Millisekunden lag unterhalb der Wahrnehmungs- und Bewusstseinsschwelle. Die Versuchsergebnisse ergaben, dass die eingeblendeten subliminalen Botschaften die Bewertung der Schriftzeichen beeinflussten. Die Versuchspersonen bewerteten die Schriftzeichen sehr positiv, denen eine positive Mimik vorangestellt wurde. An zweiter Stelle standen die Zeichen, die auf ein neutrales Polygon folgten. Am negativsten wurden die Schriftzeichen eingeschätzt, denen eine negative Mimik vorausgeschickt wurde.

WICHTIG: Unbewusste Informationsverarbeitung vermag unser Denken und unsere Einstellung zu beeinflussen. Was wir vor einem Urteil erlebt, gedacht oder getan haben, beeinflusst unsere Bewertung. Das zeigt auch der sogenannte „Pygmalion-Effekt".

Pygmalion ist in den Metamorphosen des Dichters Ovid ein Bildhauer, der sich in die von ihm geschaffene Frauenfigur aus Elfenbein verliebte. Als die Göttin Aphrodite sie zum Leben erweckte, vermählte sich Pygmalion mit ihr. Untersuchungen von Robert Rosenthal und Lenore Jacobsen bestätigen das Wirken des Pygmalion-Effekts zwischen Lehrer und Schülern. Die Leistungen der Schüler entwickeln sich auf das Niveau, das der Lehrer ihnen zutraut.

TIPP:

Nutzen Sie unbewusst arbeitende Verarbeitungsprozesse Ihres Gehirns für mehr Kreativität und Effektivität. Führen Sie dazu regelmäßig die Achtsamkeitsmeditation morgens oder abends etwa 20 Minuten lang durch.

Das Gedächtnis manipuliert sich selbst

Das Gedächtnis wurde oft mit einer Festplatte verglichen, die Ereignisse abspeichert. Diese Ansicht trifft jedoch nicht zu. Das Gedächtnis ist flexibel und formbar. Das geht sogar so weit, dass wir uns an vieles meinen erinnern zu können, obwohl wir manches davon gar nicht erlebt haben.

Elizabeth Loftus hat dies in Versuchen nachgewiesen. Dabei erinnerten sich Studenten daran, dass sie als Kind in Disneyland waren. Dort meinten sie dem Hasen Bugs Bunny mit dem grauen Fell und den großen Schneidezähnen getroffen zu haben. Das war aber nicht möglich, da dieser Hase dort nicht anzutreffen war. Loftus hatte dieser „Erinnerung" durch gestellte Werbeannoncen des Disney-Konzerns nachgeholfen. Auf dieser waren die Versuchspersonen neben Bugs Bunny abgebildet. 16 bis 35 Prozent der Studenten „erinnerten" sich durch die gefälschte Anzeige an etwas, das nicht stattgefunden hatte.

Loftus zog daraus den Schluss, dass unser Gedächtnis Erinnerung erfindet. Es ließ sich sogar zeigen, dass Medienberichte oder fiktive Erzählungen als eigene Erlebnisse interpretiert werden. Selbst das Kino wird manchmal mit dem eigenen Leben verwechselt.

Beispiel:
US-Präsident Ronald Reagan erzählte im Wahlkampf wiederholt eine angeblich selbst erlebte Geschichte aus dem Zweiten Weltkrieg. Mit Tränen in den Augen berichtete er von einem heldenhaften Captain. Dieser blieb bei einem schwerverwundeten Schützen in einem abstürzenden Flugzeug. Der Rest der Mannschaft sprang

mit Fallschirmen ab. Diese Geschichte war identisch mit einer Szene aus einem Film, den Reagan gesehen hatte. Reagans Gedächtnis hatte die Geschichte später als eigenes Erlebnis in sein Gedächtnis integriert.

Es gibt noch viele andere Beispiele dafür, wie sich das Gedächtnis selbst manipuliert. Harald Welzer sagt dazu: „Es ist uns relativ egal, ob etwas tatsächlich passiert ist. Hauptsache, es verträgt sich mit unserer Gegenwart."

Unangenehme Erlebnisse werden im Laufe der Jahre bei Wiederholungen geschönt. So strickt sich der Mensch seine Lebensgeschichte. Die Absicht ist, mit der Gegenwart besser klarzukommen. Die Erinnerung gibt Geschehnisse somit nicht objektiv wieder, sondern biegt sich vergangene Ereignisse zurecht, wie es die Gegenwart notwendig macht.

TIPP:

Stehen Sie der Funktion des Gedächtnisses kritisch gegenüber. Fragen Sie sich: Biege ich mir Geschehenes durch Schönfärben wunschgemäß zurecht?

Aus der Selbsttäuschung befreien und autonom werden

Die Selbsttäuschung ist schon lange bekannt. Der buddhistische Mönch Buddhaghosa beschreibt sie im 15. Jahrhundert als Wahn. Für ihn führt der Wahn zu einer Umnebelung des Geistes, die zu einer falschen Wahrnehmung des Gegenstandes des Bewusstseins führt. Diese Beschreibung stimmt mit der modernen kognitiven Psychologie überein.

Das Heilmittel gegen Selbsttäuschung

Buddhaghosa sieht als Heilmittel Einsicht an, die Dinge so zu sehen, wie sie sind. Dasselbe empfahl auch Freud. Ein klares Bewusstsein ist nach Freud der erste Schritt, um eine verzerrte Wahrnehmung wieder zu einer klaren zu machen. Freud empfahl, allem, was man sieht und hört, die nämliche, gleichschwebende Achtsamkeit entgegenzubringen. Dabei darf keine Auswahl nach den eigenen Erwartungen und Neigungen stattfinden. Wer nur seinen Neigungen folgt, wird die eigene Wahrnehmung verfälschen. So hat nicht nur die einzelne Person bei sich vorzugehen, sondern auch der Therapeut. Nur wenn der Therapeut sein eigenes Schema beiseitelässt, kann er den Klienten so erfahren, wie er ist.

Das ist die optimale Vorgehensweise, die bereits beim öffnenden Zuhören beschrieben und gefordert ist. Der Therapeut konfrontiert dabei den Klienten mit Dingen, die er bisher abgewehrt hat, damit er eine offene Wahrnehmung und damit Selbstsicherheit erreichen kann. Der „Vorteil“ der Selbsttäuschung besteht darin, unangenehme Tatsachen auszublenden, statt sie wahrzunehmen. So vermag sich das Individuum vor Schmerz zu schützen.

Wirkungsweise vom Unterbewussten und Bewussten

Was ins Bewusstsein gelangt, entscheidet das Unbewusste. So hat der Mensch die Fähigkeit, Selbstbewusstsein zu entwickeln oder Selbsttäuschung zu praktizieren. Selbsttäuschung entwickelt sich vor allem dann, wenn sie Schutz vor Angst bringen soll. Für die Entwicklung zum autonomen Menschen ist es jedoch wichtig, alle notwendigen Informationen wahrzunehmen, selbst wenn das Wissen anfangs mit Schmerzen verbunden ist. Es schadet jedem Menschen sehr, verzerrte Wahrnehmungen der Wirklichkeit gegen ein Gefühl der Scheinsicherheit einzutauschen.

Folgen der Scheinsicherheit

Mit einer selektiven Unaufmerksamkeit werden aus unseren Erfahrungen die Teile herausgeworfen, die uns beunruhigen könnten. „Miniverleugnungen“ verhindern, dass wir einen Teil wichtiger Details unseres eigenen Lebens bemerken. Bei dieser selektiven Unaufmerksamkeit wird ein Teil der Wahrnehmung gelöscht, bevor sie das Bewusstsein erreicht. Beim Automatismus erstreckt sich die Unaufmerksamkeit auf die eigene Reaktion.

Es ist erstaunlich, wie stark Menschen weite Bereiche der Wahrnehmung ignorieren, die eine starke Notwendigkeit zur Veränderung darstellen. Da gibt es zum Beispiel den von Frau zu Frau laufenden Liebhaber, der nach Bestätigung sucht. Obwohl das Ende der Beziehung immer schmerzvoll ist, scheint er zu einer endlosen Folge von Romanzen verurteilt. Oder der Manager, der Arbeit in den Urlaub mitnimmt, anstatt abzuschalten. Freud spricht in all diesen Fällen von einem Wiederholungsvorgang, der immer wieder in die Krise führt.

Der US-amerikanische Psychiater R. Sullivan sagt dazu: „Wir haben nicht die Erfahrung, von der wir profitieren könnten – das heißt, obwohl sie uns widerfährt, bemerken wir ihre Bedingung nicht und bei einem großen Teil werden wir nie zur Kenntnis nehmen, dass sie überhaupt geschehen ist.“

Viele Menschen nehmen die offenkundigen Folgen ihrer Handlungen nicht wahr. Auch erkennen sie ihre eigenen Reaktionen auf die Handlungen anderer nicht.

TIPP:

Niemand ist frei von Selbsttäuschung. Viele Menschen können sich daran erinnern, einmal Dinge aus ihrem Bewusstsein ausgeschlossen zu haben. Welche Fakten nehmen Sie nicht wahr, die Sie immer wieder in dieselbe missliche Situation bringen? Was erkennen Sie? Nehmen Sie sich Zeit für sich und achten Sie auf Ihre Gedanken und Gefühle. Welches Programm zur Eigenveränderung wollen Sie entwickeln? Wenn Sie sich selbst ändern, verbessern Sie Ihre Lebensqualität und werden ein selbstbestimmter Mensch.

WICHTIG: Trainieren Sie Ihre Wahrnehmungsfähigkeit mit der Achtsamkeitsmeditation. Achtsamkeit auf sich ist der Schlüssel zur Selbsterkenntnis. Mit Achtsamkeit nehmen Sie die Individualität jedes Menschen wahr. Dann vermögen Sie die Techniken dieses Buches situationsgerecht zu kombinieren. So werden Sie erfolgreicher beeinflussen, überzeugen und Manipulation abwehren.

Literaturhinweise

Adenauer, Konrad: Erinnerungen 1953–1955, DVA 1966

Baillargeon, Normand/Liebl, Elisabeth: Crash-Kurs Intellektuelle Selbstverteidigung, Riemann 2008

Beck, Gloria: Komplimente: Eine Gebrauchsanleitung, Eichborn 2009

Berne, Eric: Spiele der Erwachsenen, Rowohlt 2002

Brendl, Erich: Clever manipulieren, Gabler 2004

Buber, Martin: Das dialogische Prinzip, Lambert Schneider 1979

Cialdini, Robert: Die Psychologie des Überzeugens, Huber 2010

Ciompi, Luc: Affektlogik, Klett-Cotta 1982

Ciompi, Luc: Die emotionalen Grundlagen des Denkens, Vandenhoeck & Ruprecht 2005

Dalai Lama/Ekmann, Paul: Gefühl und Mitgefühl, Spektrum 2009

Decher, Friedhelm: Die rosarote Brille, Lambert Schneider 2010

Dutton, Kevin/Leineweber, Bernd/Binder, Klaus: Gehirnflüsterer, dtv 2011

Ekmann, Paul: Gefühle lesen, Spektrum 2004

Ekmann, Paul: Ich weiß, dass du lügst, Rowohlt 2011

Emerson, Ralph Waldo: Essays, Diogenes 2009

Emerson, Ralph Waldo: Gedanken, Anaconda 2011

Fairhurst, Gail/Sarr, Robert: Die Kunst, durch die Sprache zu führen, Walhalla 1999

Fischer, Ernst Peter: Kritik des gesunden Menschenverstandes. Ullstein 2002

Forer, Bertram R.: The fallacy of Personal Validation – Journal of abnormal and sozial Psychologie 44, S. 118

Goldmann, Heinz: Überzeugende Kommunikation, Redline Wirtschaft

Gracián, Balthasar: Handorakel und Kunst der Weltklugheit, Anaconda 2005

Greene, Robert: Die 24 Gesetze der Verführung, Hanser 2001

Greene, Robert: Die 48 Gesetze der Macht, Hanser 1999

Hüther, Gerald: Bedienungsanleitung für ein menschliches Gehirn, Vandenhoeck & Ruprecht 2010

Idries, Shah: Die fabelhaften Heldentaten des weisen Narren Mulla Nasrudin, Herder 2011

Jaspers, Karl: Von der Weite des Denkens, Piper 2008

Konfuzius: Schon Konfuzius sagte, Edition XXL 2009

Kraus, Karl: Denken mit Karl Kraus, Diogenes 2007

Landmann, Salcia: Jüdische Witze, dtv 2009

Lang, Rudolf: Die schönsten Anekdoten aus aller Welt, Buch und Zeit 1982

Levine, Robert: Die große Verführung, Piper 2003
Limbeck, Martin: Nicht gekauft hat er schon, mvg Redline, 2011
Maslow, Abraham: Motivation und Persönlichkeit, Rowohlt 1981
Navarro, Joe: Menschen lesen, mvg 2010
Pöhm, Matthias: Kontern in Bildern, mvg Redline, 2007
Poppe, Tom: Schlüssel zum Schloß, Schönbergers 1986
Porzig, Walter: Das Wunder der Sprache, UTB 1993
Prost, Winfried: Manipulation und Überzeugungskunst, Gabler 2009
Riemann, Fritz: Grundformen der Angst, Reinhard und Ernst 2011
Rogers, Carl: Die klientenzentrierte Gesprächstherapie, Fischer 2009
Rosenthal, Robert/Jacobson, Lenore: Pygmalion in the classroom. New York 1968
Rowland, Ian: The Full Facts of Cold Reading, London 2002
Ryborz, Heinz: Das Geheimnis für Erfolg und Glück im Leben, Walhalla 2013
Ryborz, Heinz: Die Kunst zu überzeugen, Goldmann 1985
Ryborz, Heinz: Geschickt kontern: Nie mehr sprachlos!, Walhalla 2016
Ryborz, Heinz: Kommunikation mit Herz und Verstand, Walhalla 2010
Ryborz, Heinz: Lassen Sie sich nicht über den Tisch ziehen, Walhalla 2016
Ryborz, Heinz: Selbstbewusst!, Walhalla 2011
Sachse, Rainer: Wie manipuliere ich meinen Partner – aber richtig, Klett-Cotta 2010
San, Tsu: Über die Kriegskunst, marix 2011
Scherer, Hermann: Wie man Bill Clinton nach Deutschland holt, Campus 2006
Schneider, Wolf: Wörter machen Leute, Piper 2007
Watzlawick, Paul: Anleitung zum Unglücklichsein, Piper 1997
Welzer, Harald: Das kommunikative Gedächtnis, Beck 2002
Whorf, Benjamin: Sprache – Denken – Wirklichkeit, Rowohlt 1963
Wiseman, Richard: Quirkologie, Fischer 2008

Studien

Burgdorf, Jeffrey S./Moskal, Joseph R.: Pleasure. Encyclopedia of behavioural neuroscience, London, Burlington Academic Press III, 93–96

Dunning, David/Kruger, Justin: Unskilled and Unaware of it. How Difficulties in Recognizing One`s own incompetence lead to inflated self-assessments. Journal of Personality and Social Psychology 77, 1121–1134, 1997

Eemeren, van Frans/Grootendorst, Rob: Argumentation. Analysis, Evaluation, Presentation, Mahwah, 174, 2002

Englich, Birte/Mussweiler, Thomas/Strack, Fritz: Playing dice with criminal sentences: The influence of irrelevant anchors on experts. Judicial decision making. Personal and Social Psychology Bulletin 32, 188–200, 2006

Festinger, Leon/Carlsmith, James M.: Cognitive consequences of forced compliance, Journal for Abnormal and Social Psychology 203–210, 1959

Forer, Bertram R.: The fallacy of personal validation. A classroom demonstration of gullibility. Journal of Abnormal and Social Psychology 44, 118–123, 1949

Howard, Daniel J.: The influence of verbal responses to common greetings on compliance behaviour. Journal of Applied Social Psychology 20, 1185–1196, 1990

Langer, Ellen J./Chanowitz, Benzion: The mindlessness of ostensibly thoughtful action: The role of „placebic“, information in interpersonal interaction. Journal of Personality and Social Psychology 36, 635–642, 1978

Loftus, Elizabeth (siehe dazu Schumacher, Andrea): Das betrogene Ich. In: Sentker, Wigger F. (Hrsg.): Rätsel Ich, Gehirn, Gefühl, Bewusstsein, 27–33, 2007

Meehl, Paul E.: The american psychologist Vol. 11, No. 6, 1956

Moritary, Thomas: Crime, commitment and the responsive bystander. Journal of Personality and Social Psychology 64, 723–739

Murphy, Sheila T./Zajonc, Robert B.: Affect, cognition and awareness. Affective priming with optimal and suboptimal stimulus exposures. Journal of Personality and Social Psychology 64, 723–739, 1993

Seminare von Prof. Dr. Heinz Ryborz

Seit vielen Jahren führt Prof. Dr. Heinz Ryborz Seminare für Firmen, Beratungen und Personal Coaching durch.

Seminarthemen sind zum Beispiel:

- Überzeugen und durchsetzen
- Persönlichkeitstraining für Führungskräfte
- Mitarbeiter gekonnt führen und motivieren
- Erfolgreicher Umgang mit schwierigen Kunden
- Erfolgreiche Gesprächsführung und Kommunikation
- Geistestraining durch Achtsamkeitsmediation

Auf Wunsch bieten wir auch Trainings zu Themen nach Absprache.

Informationen erhalten Sie über:

Prof. Dr. Heinz Ryborz
Postfach 2104
51574 Reichshof
Tel.: 0 22 65/92 32
Fax: 0 22 65/93 54
E-Mail: info@ryborz-seminare.de
Internet: www.ryborz-seminare.de

Professor Dr. Heinz Ryborz

studierte in Berlin Naturwissenschaften und Psychologie.
Er war in leitenden Positionen in der Industrie tätig und trainiert heute Führungskräfte.
Zahlreiche Veröffentlichungen. Bestsellerautor.